I0759830

Transmission de biens, mariage et répudiation à Uqlūl, village du Fayyoum au ve/xie siècle

Transmission de biens, mariage et répudiation à Uqlūl, village du Fayyoum au ve/xie siècle

Yūsuf Rāġib

Institut français d'archéologie orientale

Cahier des Annales islamologiques 33 – 2016

Dans la même collection :

Henri Bresc & Yūsuf Rāġib, *Le sultan mérinide Abū l-Ḥasan ʿAlī et Jacques III de Majorque : du traité de paix au pacte secret*, 2011.

Anna Caiozzo, *Réminiscences de la royauté cosmique dans les représentations de l'Orient médiéval*, 2011.

Abū Hilāl al-ʿAskarī, *Le livre des califes qui s'en remirent au jugement d'un cadi*, Mathieu Tillier (éd. et trad.), 2011.

Rachida Chih & Catherine Mayeur-Jaouen (éd.), *Le soufisme à l'époque ottomane, XVI*[e]*-XVIII*[e] *siècle / Sufism in the Ottoman Era 16th-18th Century*, 2010.

Yūsuf Rāġib, *Actes de vente d'esclaves et d'animaux d'Égypte médiévale 2*, 2006.

Richard McGregor & Adam Sabra (éd.), *Le développement du soufisme en Égypte à l'époque mamelouke / Taṭawwur al-taṣawwuf fī Miṣr fī al-ʿaṣr al-mamlūkī / The Development of Sufism in Mamluk Egypt*, 2006.

Anouar Louca, *L'autre Égypte. De Bonaparte à Taha Hussein*, 2006.

Mohammad Afifi, Rachida Chih, Brigitte Marino, Nicolas Michel & Işık Tamdoğan (éd.), *Sociétés rurales ottomanes / Ottoman Rural Societies*, 2005.

© INSTITUT FRANÇAIS D'ARCHÉOLOGIE ORIENTALE, LE CAIRE, 2016

ISBN 978-2-7247-0681-9 ISSN 2428-4386

Mise en page : Christine Mina
Couverture : Ismaïl Seddiq

Tous droits de traduction, d'adaptation et de reproduction par tous procédés, réservés pour tous pays. Toute reproduction ou représentation intégrale ou partielle, par quelque procédé que ce soit, des pages publiées dans le présent ouvrage, faite sans l'autorisation de l'éditeur, est illicite et constitue une contrefaçon. Seules sont autorisées, d'une part, les reproductions strictement réservées à l'usage privé du copiste et non destinées à une utilisation collective et, d'autre part, les courtes citations justifiées par le caractère scientifique ou d'information de l'œuvre dans laquelle elles sont incorporées (art. L. 122-4, L. 122-5 et L. 335-2 du code de la propriété intellectuelle).

La seconde trouvaille du Fayyoum

VERS 1890[1], plusieurs parchemins et papiers arabes revinrent au jour dans une région indéterminée du Fayyoum où ils reposaient depuis la nuit des temps. Au rebours de « la première trouvaille » dont l'importance fut soulignée dès son retour à la lumière au courant de l'hiver 1877-1878[2], la seconde n'éveilla que tardivement l'intérêt des papyrologues[3]. Aucun bruit ne fut même recueilli sur son origine : fut-elle retirée d'un seul ou plusieurs sites ? Par un coup de hasard ou lors de fouilles clandestines poursuivies au fil des jours ? Provenait-elle de maisons abandonnées ou des ruines d'un tribunal, de terrains vagues servant jadis de dépotoir ou d'un désert où elle avait été ensevelie pour préserver le nom de Dieu qu'on y lit encore ? Autant de questions cruciales pour l'historien, qui demeurent, faute de témoignages, sans réponse. Aussi l'énigme de sa nature ne sera-t-elle sans doute jamais percée.

Comme il advenait alors couramment pour les trouvailles fortuites, les documents exhumés furent démembrés et disséminés sur trois continents : si une minorité d'entre eux rejoignit la Bibliothèque nationale (Dār al-kutub) au Caire, la majorité fut arbitrairement morcelée en lots qui prirent au fil des ans le chemin de l'Occident pour gagner diverses collections de papyrus d'Europe et d'Amérique, en premier celle du British Museum (à présent transférée à la British Library) à Londres, puis celles de l'Ägyptisches Museum à Berlin, de l'Oriental Institute à Chicago et peut-être d'autres où ils dorment encore dans l'indifférence et l'oubli.

1. Les premiers documents durent entrer vers cette date au British Museum : ils figurent en fin du *Supplement* de Rieu publié en 1894. Les transactions continuèrent au Caire : l'année de parution du volumineux catalogue, des pièces de même origine furent acquises pour l'Ägyptisches Museum de Berlin, les unes par R. Mosse, Grohmann, 1954, p. 15 ; Rāġib, « Les archives d'un gardien », p. 25 ; les autres par H. Brugsch, Rāġib, « Les archives d'un gardien », p. 25.

2. Découverte relatée par Grohmann, 1954, p. 10-14 ; Rāġib, *Marchands d'étoffes*, I, p. IX-XI.

3. Grohmann l'évoqua trois fois : la première en 1952 dans *From the World*, p. 10 ; la deuxième en 1954 dans *Einführung*, p. 15 ; enfin, la troisième en 1966 dans *Arabische Chronologie*, p. 55.

La totalité des documents appartient à la première période fatimide : les plus anciens remontent à la fin du IVe/Xe siècle, les derniers à la seconde moitié du suivant. Ils furent également écrits dans la même région (le sud du Fayyoum) dans trois villages ou domaines désignés sous le même substantif *ḍayʿa* comme le révèlent les noms qu'on relève. Si certains ne doivent avoir d'autre lien que l'endroit où ils ont retrouvé la clarté du jour, plusieurs proviennent d'archives jadis conservées sous le même toit et peut-être même dans le même contenant (corbeille, jarre ou casier). Une foule d'entre eux fut dressée dans la région de Ṭuṭūn, qui devait plus tard livrer des parchemins parfois plus anciens [4]. La majorité appartient à une famille copte, Mīnā b. Ǧirǧa et sa postérité [5], le reste à diverses personnes sans lien apparent, comme sans doute Abū al-Dīn b. Ramaḍān al-Rabaʿī qui fut pendant plus de trois lustres l'un des gardiens de l'antique monastère de Qalamūn, dont les ruines subsistent dans les environs [6]. Un certain nombre fut rédigé dans le village de Bulǧusūq, maintenant enseveli sous les tertres dans la région d'Iṭsā [7]. Enfin, plusieurs proviennent du domaine (*ḍayʿa*) d'Uqlūl, village du district du Fayyoum (*min qurā al-Fayyūm*) [8] qui survit de nos jours dans le voisinage d'Iṭsā sous le nom tardif d'al-Gaʿāfra (entendre : al-Ǧaʿāfira) [9]. De ces documents actuellement disséminés, dont l'origine est révélée par le nom du domaine qu'on y lit [10] ou celui d'un villageois qui y figure [11], j'ai rassemblé deux ensembles partagés entre l'Ägyptisches Museum de Berlin et la British Library de Londres [12] : l'un comprend les archives d'une modeste famille, les Banū Barmūda, l'autre trois contrats de mariage proches par la rédaction et la date. Bien que le plus ancien appartienne par son origine au premier ensemble, l'épouse faisant partie de la famille, j'ai préféré le dissocier de leurs actes pour le joindre aux deux parchemins qui conservent le souvenir d'unions célébrées quelques années plus tard dans le domaine entre des villageois qui devaient les connaître.

4. Notamment six conservés au musée d'Art islamique du Caire : le premier acquis en 1933, Fahmy, « Waṯā'iq », p. 43, nº IX, le deuxième en 1947, Fahmy, « Waṯā'iq », p. 29, nº IV, et les quatre derniers déposés par l'Inspection des Antiquités du Fayyoum en 1955, Fahmy, « Waṯā'iq », p. 26, nº III, p. 32, nº V, p. 36, nº VI, p. 39, nº VII.

5. L'ensemble rassemblé par mes soins est destiné à la publication.

6. Comme le suggèrent divers noms de lieu cités dans les documents, Rāġib, « Les archives d'un gardien ».

7. Grohmann, *From the World*, p. 10 ; 1954, p. 15 ; Ramzī, 1953-1968, I, p. 167-168 ; Grohmann, 1966, p. 55.

8. Comme le déclarent quelques documents (nos III, IV, VI, VII et VIII). La distinction entre *ḍayʿa* et *qarya* sera discutée plus loin dans le commentaire du nº III.

9. Wessely, 1904, p. 85 ; Amélineau, 1893, p. 215-216 ; Salmon, 1901, p. 67 ; Ramzī, 1953-1968, vol. 2, p. 81-82 ; Halm, 1979-1980, vol. 1, p. 276, carte 19 ; Timm, 1984-1992, vol. 6, p. 2903.

10. Comme l'acte de vente de l'Ägyptisches Museum de Berlin qui fut attesté par le *mustaḥaqq al-ḥukm* d'Uqlūl, *Papyrologische Studien*, nº XIX.

11. Ainsi deux actes de l'Ägyptisches Museum, *Papyrologische Studien*, nos III et IV, doivent provenir d'Uqlūl, comme l'atteste le nom d'Abū al-Ḫayr b. Qaššāš qui apparaît dans deux contrats de mariage : comme témoin dans le nº VI et tuteur de la mariée dans le nº VIII.

12. Rieu, 1894, p. 830, nº 1290.

De ces huit documents, seuls quatre sont inédits (n°s II, III, VII et VIII), les quatre autres sont depuis longtemps publiés, deux (n°s IV et V) par Ludwig Abel et deux (n^os^ I et VI) par Adolf Grohmann. Ces éditions maintenant dépassées sont truffées de fautes de toute nature qu'il a fallu commenter et rectifier. Si les novices peuvent trouver plus facile de republier les papyrus que d'en publier d'inédits, je considère personnellement la tâche plus ardue. Elle devient, en effet, double : il faut déchiffrer et, de plus, corriger les fautes relevées. Mais il paraît maintenant urgent de rassembler les documents dispersés, même s'ils sont déjà accessibles par une publication antérieure : ainsi historiens et philologues pourront-ils en tirer profit et le village obscur d'Uqlūl émerger de l'ombre, dans une période où l'Égypte fut plongée de l'opulence à la misère par l'effet du chaos et d'une longue famine qui fut apparemment moins cruelle dans les campagnes que dans les villes. Les sources narratives écrites le plus souvent par des historiens principalement établis dans la capitale semblent ignorer que dans des régions proches comme le Fayyoum, une partie de la population fut apparemment épargnée par la longue disette, et qu'un émir de tribu pouvait être plus prospère que le calife du puissant Empire.

Caractères externes des actes : feuilles, notaires et témoins

1. MATIÈRE SUBJECTIVE ET MISE EN PAGE

Des huit documents, trois sont rédigés sur papier (n^os I, II et III), les cinq autres sur parchemin (n°s IV, V, VI, VII et VIII) reconnu pour trois comme vélin (n^os V, VII et VIII). Les trois derniers dans le temps (n°s VI, VII et VIII) portent des contrats de mariage : le choix d'un support plus noble que le commun papier, tel que la peau d'animal spécialement préparée pour l'écriture ou la soie réservée à l'élite[1], conférait un certain prestige au couple, notamment à l'épouse qui le gardait précieusement pour obtenir le paiement du restant de la dot et des présents promis par son mari, s'il venait à la répudier.

Les feuilles de papier n'offrent pas de format constant : elles s'approchent tantôt du carré (n^o I) et tantôt du rectangle (n°s II et III). Leur largeur va de 17 (n^o I) à plus de 26 cm (n° III)[2] et leur longueur de 16 (n° II) à 19 cm (n° III). Quant aux parchemins, ils revêtent des dimensions plus importantes. Le plus petit mesure 27 sur 21 cm (n^o V), et le plus grand 73 sur 86 cm (n° VIII) : il semble dépasser par la taille toutes les peaux arabes livrées à ce jour par le sol d'Égypte[3]. Les feuilles sont le plus souvent utilisées dans le sens de la hauteur, plus rarement dans celui de la largeur (n°s III et IV). Si les notaires rédigeaient indifféremment les instruments sur l'une ou l'autre face du papier, pour le parchemin ils préféraient le côté chair, plus favorable à l'écriture que le côté poil. Tous les supports étaient vierges des deux côtés lors de l'emploi : aucun ne porte, en effet, au recto un écrit antérieur, à l'exemple des papyrus qui étaient jadis remployés pour en récupérer l'envers encore blanc plutôt que de le laisser perdu. Comme souvent les actes du quotidien sous les Fatimides, la teneur ne couvre qu'une page pour ne pas en rejeter la fin au verso où elle risquait d'échapper

1. Rāġib, « Un contrat de mariage sur soie » ; Rapoport, 2005, p. 54.
2. D'après la perte des fins de lignes, sa largeur primititive devait osciller entre 28 et 30 cm.
3. Comme l'avait déjà noté Grohmann, 1954, p. 72, qui en donne toutefois d'autres dimensions : 85,2 × 82 cm. Cette différence de mesure découle de l'irrégularité de ses contours.

à la vigilance : les témoins, puis le cadi ou ses auxiliaires négligeaient, en effet, couramment de vérifier si l'envers renfermait des ajouts insérés après la date qui clôturait l'écrit dont il fallait attester la véracité ou authentifier le contenu [4]. Toutefois, le dos ne demeurait pas toujours vierge, comme en témoigne le contrat de mariage (n° VII) : la blancheur du verso fut tardivement noircie par l'acte de répudiation qui constatait la dissolution de l'union. Apparemment pour suivre la coutume, le rédacteur a préféré l'écrire sur le même support plutôt que sur une feuille indépendante.

Les actes de transfert de propriété (vente ou remise) sont relativement brefs : le corps du plus court ne comporte que six lignes (n° V) [5], celui du plus long onze (n° I). Les contrats de mariage sont légèrement plus étendus : le premier comprend douze lignes (n° VI), le deuxième quatorze (n° VII) et le troisième quinze (n° VIII). Généralement irrégulières, les lignes sont séparées par des espaces couramment larges mais inégaux. La marge droite est tantôt ample (nos II, VII et VIII), tantôt étroite (nos III, IV et V), et la marge gauche tend souvent à disparaître afin d'interdire toute interpolation dans le corps de l'écrit susceptible d'en altérer les dispositions [6]. Pour la même raison, si la fin de l'acte ne tombait pas en fin de ligne, une lettre du dernier mot était considérablement étirée pour le prolonger jusqu'au bord de la feuille [7] afin d'en combler le moindre blanc où une main frauduleuse pouvait glisser l'approbation d'un faux commis après la perfection de l'écrit [8] : aucun espace ne devait, en effet, séparer la fin de l'acte du premier témoignage [9].

Comparée au barbouillage de certains notaires, l'écriture semble soignée, sans toutefois mériter le nom de calligraphie [10]. Seul l'acte de répudiation (n° VII, verso) hâtivement griffonné est par endroits illisible. Les points diacritiques ne sont jamais intégralement mis, même s'ils s'avèrent indispensables pour la lecture des noms homographes susceptibles de diverses interprétations. Mais leur nombre varie considérablement : ils peuvent être aussi abondants (n° II) que rares (n° V).

4. Rāġib, *Actes de vente d'esclaves et d'animaux*, II, p. 2-3 § 6.
5. L'acte n° II a perdu ses premières lignes (deux, sinon trois). Il devait donc en comporter de huit à dix et non six comme à présent.
6. Rāġib, *Actes de vente d'esclaves et d'animaux*, II, p. 3 § 8.
7. Le *yā'* de *mi'a* (n° III, l. 10).
8. Rāġib, *Actes de vente d'esclaves et d'animaux*, II, p. 4 § 9.
9. Rāġib, *Actes de vente d'esclaves et d'animaux*, II, p. 4 § 10.
10. Sur l'écriture des notaires qui tournait souvent en gribouillis, cf. Rāġib, *Actes de vente d'esclaves et d'animaux*, II, p. 5 § 13 et 14.

2. CARENCES DE LA RÉDACTION : DE L'IGNORANCE AUX OUBLIS

Malgré la connaissance approfondie en langue et grammaire et l'emploi d'un bon style requis pour la rédaction des actes, des fautes de diverse nature abondent. Mais toutes ne doivent pas être aveuglément imputées à l'ignorance : certains notaires préféraient l'emploi d'un arabe proche du parler afin d'être compris par le commun qui n'entendait pas toujours la langue de l'élite [11].

Outre ce choix délibéré d'une langue intelligible aux parties, les notaires péchaient souvent par négligence. Comme ils répugnaient apparemment à relire attentivement l'acte fraîchement dressé avant d'inscrire la date, des fautes grossières d'écriture dues à l'inadvertance, sinon à l'ignorance, déparent la majorité des actes (six sur huit). Seuls deux (n^os^ V et VI) en sont dépourvus. Les plus courantes sont les omissions, dont on dénombre neuf [12]. Puis viennent les métathèses (quatre) [13] et les lettres superflues (trois) [14] ; enfin, la substitution d'un caractère [15] ou d'un mot à la place d'un autre [16] et la répétition d'un verbe [17] n'apparaissent chacune qu'une fois. Les inexactitudes repérées en cours d'écriture ou de lecture après rédaction sont rectifiées en surcharge [18] ou hâtivement biffées [19], mais jamais raclées ou effacées par le passage d'un linge légèrement humide ou de la langue : ce procédé risquait de jeter la suspicion sur l'écrit [20]. Quant aux adjonctions destinées à réparer un oubli [21], elles sont, conformément à la coutume [22], glissées entre les lignes. Ces corrections et ajouts ne sont toutefois jamais signalés et approuvés par le notaire après la date, suivant l'usage qui prédominait en Égypte [23], ni par un témoin dans son attestation, comme il était

11. Rāġib, *Actes de vente d'esclaves et d'animaux,* II, p. 11 § 26.

12. Le *yā'* de *saqīfa* (n° I, l. 3), les deux dernières lettres de *kā'in* (n° III, l. 9), le *tā' marbūṭa* de *ʿaqda* (n° IV, l. 2), le *alif* médian de *muwāsāt* (n° VII, l. 6, n° VIII, l. 6) et de *abdānihimā* (n° VII, l. 13, n° VIII, l. 14), le *alif* final de *ʿalayhā* (n° VII, l. 10) et le *wāw* de *maʿrūfa* (n° VIII, l. 3).

13. Dans l'acte n° I, Bahǧa est écrit deux fois Baǧha (l. 4 et 6), comme *saqīfa* est devenu *safqa* dont le *fā'* et le *qāf* sont pourvus de points diacritiques, l. 3. Enfin, dans le contrat de mariage (n° VI, l. 8), *tazwīǧihā* s'est transformé en *tawzīǧihā*.

14. Un *dāl* dans Baǧhada (n° I, l. 7) échappé au notaire qui peut révéler une variante de prononciation, puis un *lām* dans *ʿuluwwihā* (n° I, l. 8), enfin un *ʿayn* après *šā'a* (n° II, l. 6).

15. Le *mīm* final de *tasallama* a été par mégarde converti en un *tā' maftūḥa* par deux points diacritiques (n° II, l. 4).

16. Ainsi dans l'acte n° II, l. 2, le notaire a écrit *šarqī* au lieu de *baḥrī.*

17. Dans l'acte n° VIII, *šahida* (l. 11) a été par mégarde repris au début de la ligne suivante.

18. Ainsi le passage *allatī lahum baḥrī* (n° I, l. 3) couvre une formule aisément reconnaissable (*bi-Uqlūl min qurā al-Fayyūm*) ; de même, les mots *ḥurrayn* (n° VI, l. 8) et *ʿalayhi* (n° VI, l. 1) masquent des mots illisibles.

19. *Hilāliyya* semble avoir été raturé, alors qu'il est correct (n° III, l. 10).

20. Rāġib, *Actes de vente d'esclaves et d'animaux,* II, p. 6 § 16.

21. *Wāḥid* (n° I, l. 9) et *dīnāran* à deux reprises (n° VIII, l. 5).

22. Rāġib, *Actes de vente d'esclaves et d'animaux,* II, p. 6-7 § 17.

23. Rāġib, *Actes de vente d'esclaves et d'animaux,* II, p. 7 § 18 et 19.

tenu de le faire[24] : ces approbations pouvaient pourtant s'avérer indispensables si des vérifications étaient un jour effectuées pour confirmer la véracité de l'écrit[25].

3. UNE RÉDACTION EN APPARENCE ANONYME

Bien que le notaire ne dévoile jamais son identité avant la date finale, son écriture permet de l'identifier sans l'ombre d'un doute : son nom figure, en effet, dans son témoignage, qu'il avait coutume de rédiger immédiatement après le corps de l'acte[26], généralement à gauche, rarement à droite (nº VII).

4. DISPOSITION DES TÉMOIGNAGES : DES COLONNES AU CHAOS

Enfin, les attestations des témoins présents lors de la formation du contrat figurent toujours en bas de page, sauf si le manque d'espace les avait contraints à les insérer dans la marge supérieure au-dessus de l'invocation (*basmala*) (nº I) pour ne pas les rejeter au verso que l'on négligeait souvent de consulter. Dans la majorité des documents (sept sur huit), elles sont disposées en colonnes, où règne parfois la confusion (nºs VII et VIII). Leur nombre, qui varie du simple au double, n'est pas toujours lié à la largeur de la feuille : elles peuvent être de deux (nºs III et V), trois (nº I) et même quatre (nºs IV, VI, VII et VIII). Enfin, dans un seul acte (nº II), elles sont rédigées en pleine ligne à la suite les unes des autres.

24. Rāġib, *Actes de vente d'esclaves et d'animaux,* II, p. 7 § 18.
25. Rāġib, *Actes de vente d'esclaves et d'animaux,* II, p. 7-8 § 20.
26. Rāġib, *Actes de vente d'esclaves et d'animaux,* II, p. 9 § 24.

A. Transferts de propriété

Des cinq documents réunis, trois sont conservés à la British Library (n^{os} I, II et III) et deux à l'Ägyptisches Museum de Berlin (n°s IV et V). Leur date s'étend sur une décennie : de 408/1027-1028 (n° I) à 418/1027 (n° IV), si l'on exclut toutefois le dernier, dont l'année est perdue. Mais les actes propres à la famille ne commencent qu'en 415/1024 (n° III) ; les deux papiers antérieurs ne furent, en effet, que tardivement intégrés dans ses archives, quand le portique vendu dans l'un et la cour cédée dans l'autre furent acquis par l'un de ses membres. Dans les deux suivants (n°s III et IV), ʿAbd al-Raḥīm b. Barmūda achète deux cours, l'une en 415/1024, l'autre en 418/1027. Dans le cinquième (n° V), dont la date est perdue, cinq de ses enfants remettent à leur mère la maison reçue par succession de leur père. Mais ces maigres archives pourront s'avérer un jour incomplètes : des recherches poussées dans l'Ägyptisches Museum ou dans d'autres collections négligées permettront peut-être d'exhumer un, voire plusieurs actes oubliés de même origine.

FORME ET FORMULES

Dans leurs grandes lignes, les actes présentent une structure similaire et reprennent des formules identiques que les notaires devaient tirer de leur mémoire ou de manuscrits qu'ils gardaient à portée de main pour s'en inspirer : manuels qu'ils avaient coutume de rouvrir ou brouillons d'actes anciens dont ils interrogeaient les feuilles volantes.

1. TEMPS DES VERBES : LE PRÉSENT BANNI POUR UN PASSÉ RÉCENT

Tous les actes revêtent la forme objective d'un récit où les verbes exprimant l'acte juridique (vente ou remise), la prise de possession et même les garanties futures promises par le vendeur à l'acquéreur sont à l'accompli (*māḍī*). Ce temps ne prouve pas seulement que l'écrit est toujours postérieur à la convention orale : il marque aussi l'obligation qui lie les parties depuis l'échange de leur consentement par des verbes au passé lors de la séance (*maǧlis*) du contrat [1].

2. DÉCLARATION D'ACHAT

Après l'invocation à la divinité (*basmala*) qui occupe toujours seule la première ligne souvent en léger retrait [2], le corps des trois actes de vente qui ont gardé leur début (n^os I, III et IV) s'ouvre par une formule figée : le démonstratif *hāḏā*, le relatif *mā* suivis du verbe qui désigne l'achat : *ištarā*. Le quatrième (n° II) maintenant tronqué devait sans doute débuter par la même formule, si toutefois les deux pronoms n'avaient été sciemment omis, comme certains notaires préféraient alors le faire [3]. Quant au cinquième document, il commence directement par le verbe *aqarra* sans démonstratif ni relatif couramment absents dans les reconnaissances.

3. MENTION DES PARTIES

Dans les quatre actes de vente intégralement conservés, le verbe désignant l'achat est suivi de l'identification des contractants (*taʿrīf al-mutaʿāqidayn*), règle essentielle (*qāʿida mašrūṭa*) des contrats. En premier, l'acquéreur, considéré comme le plus important, le bien lui étant transmis, puis le ou les vendeurs [4]. De même, dans la donation (n^o V), après le verbe *aqarra*, figure le nom des parties qui ont reconnu l'acte, puis celui de la bénéficiaire.

Le nom des contractants est toujours accompagné de leur filiation, généralement réduite au nom du père. Cette identification était jugée, en effet, complète par maints juristes, notamment Abū Yūsuf, même si d'autres, comme Abū Ḥanīfa, la tenaient pour incomplète [5]. Le nom du grand-père n'est cité qu'une fois [6] : les notaires égyptiens du Moyen Âge avaient, en effet, coutume de le bannir, même si certains juristes en blâmaient

1. Sur le temps des verbes dans l'acte, cf. Rāġib, *Actes de vente d'esclaves et d'animaux*, II, p. 13 § 31.
2. Rāġib, *Actes de vente d'esclaves et d'animaux*, II, p. 13 § 32.
3. Rāġib, *Actes de vente d'esclaves et d'animaux*, II, p. 14 § 33.
4. Rāġib, *Actes de vente d'esclaves et d'animaux*, II, p. 15 § 35.
5. Rāġib, *Actes de vente d'esclaves et d'animaux*, II, p. 15-16 § 36.
6. Bahǧa ibnat Manṣūr b. Mubārak (n° III).

l'omission qui entachait d'incertitude l'identification des parties[7]. Quant aux autres éléments qui permettaient de distinguer les contractants de possibles homonymes, tribu, métier *(ṣināʿa/ṣanʿa), nisba, kunya* et *laqab*, ils sont toujours omis : bien qu'essentiels aux yeux de maints notaires, ils semblaient superflus dans les villages où les parties étaient généralement connues des témoins[8]. Pour la même raison, le signalement (*taḥliya*) des contractants ne figure dans aucun acte, suivant la coutume qui prédominait en province[9], comme si les notaires d'Uqlūl avaient oublié les termes précis qui décrivaient les signes particuliers frappant les regards[10] ou ne les avaient jamais appris. Enfin, le domicile des parties est signalé dans trois actes (n°s III, IV et V), mais omis dans un (n^o I) : son indication n'était pas jugée nécessaire pour les villageois[11].

4. RÉPÉTITION DU VERBE EXPRIMANT L'ACHAT POUR CONFIRMATION

Comme l'identification des parties sépare le début de l'acte de la mention de la chose, le verbe initial *ištarā* est toujours repris avant le complément direct (portique ou cour) dans les contrats de vente qui ont conservé leur début : une fois dans deux (n°s II et III)[12], et même deux fois dans les deux autres (n^o I, l. 2, 3 et 4, et n° IV, l. 2 et 4). Les notaires se conformaient ainsi à la tradition des linguistes qui répétaient, pour confirmation *(taʾkīd)*, le propos si des mots le séparaient du thème[13]. Dans deux documents (n°s III et IV), il est accompagné de la formule « en une seule opération et un seul acte » (*ṣafqa wāḥida wa-ʿaqda wāḥida*), bien que le contrat n'englobe pas divers biens simultanément cédés mais seulement une cour : l'expression devait simplement souligner qu'elle a été vendue en une fois et non par une succession de contrats[14].

5. MENTION DE LA CHOSE

Après la répétition du verbe désignant l'achat, figure la détermination de la chose *(taʿrīf al-muštarā)* qui était, comme la mention des parties, une règle de base des actes de vente[15] : portique (*saqīfa*) (n^o I) ou cour (*ʿarṣa*) (n°s II, III et IV). De même, dans la reconnaissance d'une remise, le bien délivré est spécifié : maison (*manzil*) (n^o V). La chose

7. Ainsi dans le premier acte, l'acquéresse semble la sœur des vendeurs. Mais comme le notaire omet de le spécifier, le lecteur demeure dans l'incertitude en l'absence du nom du grand-père.
8. Rāġib, *Actes de vente d'esclaves et d'animaux,* II, p. 16-17 § 37, 38 et 40.
9. Rāġib, *Actes de vente d'esclaves et d'animaux,* II, p. 18 § 43.
10. Sur ce vocabulaire, cf. Rāġib, *Actes de vente d'esclaves et d'animaux,* II, p. 34-38 § 86-93.
11. Rāġib, *Actes de vente d'esclaves et d'animaux,* II, p. 17 § 39.
12. On peut l'assurer, malgré la perte du début qui contenait le verbe.
13. Rāġib, *Actes de vente d'esclaves et d'animaux,* II, p. 19 § 47.
14. Sur le sens de cette formule, cf. Rāġib, *Actes de vente d'esclaves et d'animaux,* II, p. 21-23 § 51-53.
15. Rāġib, *Actes de vente d'esclaves et d'animaux,* II, p. 23 § 56.

est parfois déclarée comme connue (*maʿrūfa*) et appartenant (*allatī lahum/lahā*) au ou aux vendeurs (n^os I et III)[16]. Mais l'origine de propriété n'est précisée que si elle a été reçue par héritage (n°s III et V). Le nom des précédents propriétaires et la date d'acquisition ne sont jamais évoqués, comme s'ils étaient noyés dans l'oubli. La situation du bien dans le village est ensuite indiquée, sans que le nom d'Uqlūl ne soit mentionné, sauf dans la remise de la maison (n^o V). Dans deux actes (n°s III et V), elle est formulée en termes vagues : dans le côté nord du domaine ; mais dans les deux autres, elle est déterminée par les demeures voisines : au nord de la maison de Barmūda et à l'ouest de la maison de Bahǧa (n^o I), devant la maison de ʿAbd al-Raḥīm b. Barmūda (n° IV). L'endroit *(mawḍiʿ)* n'est jamais indiqué[17] : les quartiers et les voies des villages ne devaient pas recevoir de nom comme l'étaient ou, du moins, pouvaient l'être ceux des grandes villes.

6. MENTION DES LIMITES DE LA CHOSE

Puis le notaire déclare le bien vendu dans la totalité de son périmètre, sans jamais en préciser la superficie en coudées, même pour les cours. Les espaces à ciel ouvert et les constructions, portiques et demeures, ne devaient pas être mesurés comme l'étaient les terres agricoles. Quatre tournures différentes mais proches sont tour à tour usitées parfois dans un même acte : « ce qu'englobent quatre limites » (*mā ištamalat ʿalayhi ḥudūd arbaʿa*) (n°s II et IV), « ce qu'englobe la délimitation de ses quatre limites » (*mā ištamalat ʿalayhi ḥadd ḥudūdihā al-arbaʿa*) (n° III), « avec sa délimitation et ses limites » (*bi-ḥaddihā wa-ḥudūdihā*) (n^os I et II) suivie dans le premier du mot *al-arbaʿa* (quatre) ou simplement « avec toutes ses limites » (*bi-ǧamīʿ ḥudūdihā*) (n° III). Cette dernière expression risquait pourtant de paraître équivoque : bien que certains disciples d'Abū Ḥanīfa (m. 150/767), notamment Abū Yūsuf (m. 182/798) eussent coutume de déclarer que limite et bien délimité ne devaient pas être confondus, le bien acquis étant le bien délimité sans la limite (*li-anna al-ḥadd ġayr al-maḥdūd wa-l-muštarā al-maḥdūd dūna al-ḥadd*)[18], l'usage tendait même dans les actes de vente latins à l'étendre à la propriété voisine, publique ou privée[19]. Aussi pouvait-elle être englobée dans la transaction : le vendeur cédait alors en un seul et même contrat ce qu'il possédait et ce qu'il ne possédait pas[20].

La définition (*iʿlām*) du bien est ensuite précisée par l'énumération de ses limites[21], plus exactement des limites du rez-de-chaussée *(sufl)*, le dessus (*ʿulū*) en étant dépourvu[22]. Cette précaution s'était avérée indispensable au fil du temps afin d'éviter différends

16. Sur la déclaration de possession (*ḏikr al-yad*), cf. Rāġib, *Actes de vente d'esclaves et d'animaux,* II, p. 26 § 63.

17. Son nom devait être, en effet, mentionné, al-Ṭaḥāwī, *Buyūʿ*, p. 3.

18. Al-Saraḫsī, *Mabsūṭ,* XXX, p. 171 ; Hoenerbach, « Some Notes », p. 35.

19. Ainsi la formule *liminibus limitibusque suis omnibus* embrassait le bien contigu, Hoenerbach, « Some Notes », p. 35.

20. Al-Ṭaḥāwī, *Buyūʿ*, p. 11-12.

21. *Iʿlām al-mabīʿ bi-ḏikr ḥudūdihi*, al-Saraḫsī, *Mabsūṭ,* XXX, p. 177, 178.

22. *Laysa li-l-ʿulū ḥudūd innamā al-ḥudūd li-l-sufl*, al-Saraḫsī, *Mabsūṭ,* XXX, p. 178.

(mawāḍiʿ al-ḫilāf) et conflits (*munāzaʿa*) suscités par l'écrit, comme en Iraq au IIe/VIIIe siècle, où la doctrine demeura incertaine parmi les disciples d'Abū Ḥanīfa. Ainsi l'identification *(al-taʿrīf)* du bien vendu fut longtemps imparfaite : la majorité des notaires ne signalaient, en effet, que trois limites ; les autres se bornaient à en indiquer deux, comme Abū Yūsuf, ou même une seule. Toutefois, Zufar b. Huḏayl (m. 158/775) réclamait la mention des quatre[23], opinion qui finit par s'imposer dans l'ensemble du monde musulman.

7. ORDRE D'ÉNUMÉRATION DES LIMITES

Les limites sont toujours définies d'après les points cardinaux. Dans quatre actes sur cinq (nos I, III, IV et V), elles suivent l'ordre qui prédominait en Égypte depuis l'Antiquité, pour les maisons aussi bien que pour les terrains et les domaines[24]. En premier, le sud, qui tirait toujours sa dénomination en terre d'Islam de la direction de La Mekke : *min qibal al-qibla*[25] ou *qiblī*. Seules les régions situées au midi de la ville sainte devaient lui donner l'épithète *ǧanūbī*. Puis vient le nord, toujours qualifié de *baḥrī* en Égypte comme dans plusieurs régions situées au sud de la Méditerranée : Algérie, Sahara et même Palerme[26]. Mais dans plusieurs autres pays, son nom était indépendant de la mer. Ainsi à Jérusalem et Damas, il était désigné sous diverses expressions : *min al-Šām* (depuis la Syrie)[27], *al-ǧānib al-šāmī* (le côté syrien)[28] et *min al-šamāl* (depuis le nord)[29] plutôt que *šamālī* ; en Asie centrale et en Iraq : *dubur al-qibla* (dos de la qibla)[30] ; et dans l'Andalus et au Maghreb : *al-ǧawf* (le fond)[31]. Enfin, l'est (*šarqī*) précède l'ouest (*ġarbī*). Mais dans le deuxième acte du présent recueil, le nord est placé en queue. L'ordre d'énumération des points cardinaux n'était pas, en effet, immuable : si le sud est toujours énoncé en premier, l'occident peut devancer l'orient[32] ou lui succéder à la suite du nord[33], comme l'est figurer en dernier, après l'ouest et le nord[34].

23. Comme l'indique al-Saraḫsī, al-Saraḫsī, *Mabsūṭ*, XXX, p. 171 (*li-l-taḥarruz ʿan al-iḫtilāf*) ; Hoenerbach, « Some Notes », p. 35.
24. Comme le révèlent les papyrus démotiques, grecs et coptes, Schiller, 1931, p. 234 n. 1 ; Dietrich, *Arabische Payri*, p. 18-19, 50 ; *APEL*, I, p. 143-144 ; Hoenerbach, « Some Notes », p. 35 ; Wakin dans al-Ṭaḥāwī, *Buyūʿ*, p. 80.
25. Al-Saraḫsī, *Mabsūṭ*, XXX, p. 178.
26. Dozy, 1887, vol. 1, p. 53.
27. Al-ʿAsalī, *Waṯāʾiq*, I, p. 250 ; Sourdel-Thomine, Sourdel, « Trois actes de vente », p. 178 ; Sourdel, Sourdel-Thomine, « Deux actes de vente », p. 518, 522 ; Sourdel-Thomine, Sourdel, Mouton, « Un acte notarié », p. 61.
28. Sourdel-Thomine, Sourdel, Mouton, « Un acte notarié », p. 61, 65.
29. Dans plusieurs documents du Ḥaram al-Šarīf (43, 318, 327, 328, 330, 353, 366, 369 (1 et 4), 491, 515, 626 et 658), d'après le dépouillement de Christian Müller.
30. Al-Saraḫsī, *Mabsūṭ*, XXX, p. 178 ; al-Ṭaḥāwī, *Buyūʿ*, p. 11.
31. Ibn Muġīṯ, *Muqniʿ*, p. 129, 133, 134, 137 ; al-Ǧazīrī, *al-Maqṣad al-maḥmūd*, p. 122, 125 ; Hoenerbach, *Spanisch-islamische Urkunden*, p. 272, 273 ; Dozy, 1887, vol. 1, p. 235.
32. Torrey, « An Arabic Papyrus Dated 205 A. H. », p. 289 ; Rāġib, « Les archives d'un gardien », p. 47.
33. Abbott, *Monasteries*, p. 6.
34. *APEL*, I, p. 161, no 56.

Dans les autres terres d'Islam, les limites se succédaient dans un ordre différent, spécialement en Iraq, comme le révèlent diverses traditions tardivement reprises dans les formulaires de notariat. Ainsi Abū Yūsuf commençait parfois par l'ouest ou le nord, même s'il préférait placer en tête la plus noble direction (*ašraf al-ǧihāt*), celle de La Mekke[35]. Pour les autres points cardinaux, il mettait tantôt l'est avant le nord et l'ouest[36], et tantôt le nord après le sud, suivant l'exemple d'Abū Ḥanīfa[37]. Quelques notaires ne signalaient même pas la direction de la Kaʿba en premier : certains débutaient par l'ouest ou le nord[38] ; d'autres plaçaient tantôt le couchant avant le levant, tantôt l'inverse, à l'image du Coran où l'orient précède toujours l'occident[39]. Enfin, quelques hanéfites négligeaient de fixer les limites des biens suivant les points cardinaux : ainsi Abū Yūsuf et Hilāl al-Ra'y commençaient parfois par le mur où s'ouvrait l'entrée pour contourner la maison de droite à gauche, alors que d'autres partaient du côté situé à droite de la porte puis suivaient la même voie jusqu'au mur où se trouvait le passage d'accès[40]. Ces limites qui prenaient l'entrée pour point de repère risquaient toutefois de devenir fausses, si celle-ci était déplacée dans un lieu ou un mur différent[41].

Dans les autres pays d'Orient, les actes du quotidien révèlent moins de divergences qu'en Iraq : les notaires passaient généralement du sud à l'est, puis du nord à l'ouest, comme en Asie Mineure[42], à Jérusalem[43] et Damas[44], si toutefois l'occident ne précédait le nord[45]. Mais dans certaines régions, notamment l'oasis de Yārkand, en Asie centrale[46], Ardabīl[47] en Azarbaijan ou le Kirmanchah dans le Kurdistan iranien[48], les bornes des biens n'étaient pas définies d'après les points cardinaux, comme si les habitants étaient incapables de les discerner. Enfin, dans al-Andalus, maints notaires adoptaient l'ordre qui prédominait

35. Al-Saraḫsī, *Mabsūṭ*, XXX, p. 178.

36. Al-Saraḫsī, *Mabsūṭ*, XXX, p. 178 ; *FA*, VI, p. 274 ; Hoenerbach, « Some Notes », p. 35 ; Wakin dans les notes de son édition d'al-Ṭaḥāwī, *Buyūʿ*, p. 80.

37. Al-Ṭaḥāwī, *Buyūʿ*, p. 11.

38. Al-Saraḫsī, *Mabsūṭ*, XXX, p. 178.

39. Coran, II, 109/115, 130/142, 172/177 ; XXVI, 27/28 ; LV, 16/17 ; LXX, 40 ; LXXIII, 9, comme l'avance al-Ṭaḥāwī, *Buyūʿ*, p. 11.

40. Al-Ṭaḥāwī, *Buyūʿ*, p. 11 ; *FA*, VI, p. 274.

41. Al-Ṭaḥāwī, *Buyūʿ*, p. 11.

42. Al-Saraḫsī, *Mabsūṭ*, XXX, p. 178.

43. D'après le dépouillement de Christian Müller. Voir aussi al-ʿAsalī, *Waṯā'iq*, I, p. 250.

44. Sourdel-Thomine, Sourdel, « Trois actes de vente », p. 167-168, 178 ; Sourdel, Sourdel-Thomine, « Deux actes de vente », p. 518, 522.

45. Sourdel-Thomine, Sourdel, Mouton, « Un acte notarié », p. 61.

46. Gronke, « The Arabic Yārkand Documents », p. 465-466, 480, 481, 488, 489, 490, 492, 493, 494, 502, 504.

47. Gronke, *Arabische und persische Privaturkunden*, p. 114, 272, 361, 403, 462.

48. Mokri, « Vente d'un village », p. 176, 179.

en Égypte[49], alors que d'autres commençaient par l'orient et finissaient par le nord après l'énoncé de l'occident et du midi[50].

La limite est toujours suivie du verbe *intahā* (littéralement: finit à; en clair, s'étend jusqu'à), couramment utilisé en Égypte. Pourtant, son ambiguïté partageait les hanéfites en quatre courants divergents: si, pour le premier[51], il désignait la contiguïté, pour le deuxième[52], il laissait supposer qu'une chose s'étendait entre les demeures voisines et pour le troisième[53], il niait l'existence de toute chose intermédiaire (*wāsiṭa*)[54] sauf celle d'un vide (*furǧa*) (trou ou brèche); enfin, suivant le dernier[55], il ne déniait pas la présence de l'une et de l'autre. Néanmoins, son emploi était préconisé par maints notaires[56]: il avait, en effet, le mérite de réduire l'acte au bien vendu (*al-muntahā*) sans englober les biens contigus qui le délimitaient (*al-muntahā ilayhi*)[57]. Certains toutefois réprouvaient l'emploi du verbe: il risquait, en effet, de soulever un différend si l'intervalle séparant les demeures était un jour acquis par l'acheteur ou le vendeur[58]; aussi préféraient-ils celui de *yalī* qui exprimait à leurs yeux la contiguïté[59], même si d'autres l'entendaient différemment[60]: proximité sans mitoyenneté. Apparemment peu répandu en Égypte[61], il était utilisé dans d'autres régions d'Orient, telle Ardabīl[62]. Comme les précédents verbes *intahā* et *yalī* suscitaient des interprétations contradictoires, certains notaires préféraient les éluder si le bien vendu tenait au bien voisin: ils penchaient pour différents termes tirés de la même racine qui avaient le mérite d'échapper à toute ambiguïté, *bi-laṣq*[63], *yulāṣiq/yulāziq* et *laṣīq/lazīq*[64]; sinon, ils écrivaient, comme al-Ṭaḥāwī, que la maison vendue s'étendait jusqu'à l'espace qui la séparait de la maison voisine (*al-furǧa allatī baynahā wa-bayna al-dār/al-furǧa al-fāṣila allatī*

49. Ibn Muġīṯ, *Muqniʿ*, p. 129, 133, 134, 137; al-Ǧazīrī, *al-Maqṣad al-maḥmūd*, p. 122, 125; Hoenerbach, *Spanisch-islamische Urkunden*, p. 272, 273.
50. *APEL*, I, p. 144.
51. Al-Saraḫsī, *Mabsūṭ*, XXX, p. 171.
52. Al-Ṭaḥāwī, *Buyūʿ*, p. 12.
53. *Yanfī al-wāsiṭa wa-in kāna lā yanfī al-furǧa*, *FA*, VI, p. 274.
54. J'ai vainement cherché dans les dictionnaires un sens convenable au terme. J'ai finalement opté pour « chose intermédiaire » suggérée par un passage d'al-Ṭaḥāwī, *Buyūʿ*, p. 12, qui utilise l'expression *šay' baynahum.*
55. *Lā yanfī al-furǧa wa-l-wāsiṭa*, *FA*, VI, p. 274.
56. Al-Ṭaḥāwī, *Buyūʿ*, p. 12, 13; al-Saraḫsī, *Mabsūṭ*, XXX, p. 170, 171, 178.
57. Al-Saraḫsī, *Mabsūṭ*, XXX, p. 171.
58. Al-Ṭaḥāwī, *Buyūʿ*, p. 12-13.
59. Al-Ṭaḥāwī, *Buyūʿ*, p. 12.
60. Al-Ṭaḥāwī, *Buyūʿ*, p. 12; al-Saraḫsī, *Mabsūṭ*, XXX, p. 171.
61. On le retrouve relativement peu, comme dans l'acte de vente d'une maison, *APEL*, I, p. 161, n° 56; ou celui d'une propriété bordée de cultures et de palmiers, *APEL*, I, p. 141, n° 53.
62. Gronke, *Arabische und persische Privaturkunden*, p. 114.
63. Fahmy, « Waṯā'iq », p. 29, n° IV.
64. Al-Saraḫsī, *Mabsūṭ*, XXX, p. 170, 171, 178; *FA*, VI, p. 274. Le terme *lazīq* figure dans nombre d'actes de vente d'Orient, Sourdel-Thomine, Sourdel, « Trois actes de vente », p. 167; Sourdel-Thomine, Sourdel, « Deux actes de vente », p. 522; Sourdel-Thomine, Sourdel, Mouton, « Un acte notarié », p. 61; Gronke, « The Arabic Yārkand Documents », p. 480, 488, 492, 293, 502; *Arabische und persische Privaturkunden*, p. 403.

baynahā wa-bayna al-dār) : il pouvait être, effectivement, commun à l'une et à l'autre[65]. Enfin, certains notaires n'inséraient aucun terme entre le mot « limite » (*ḥadd*) et le bien dont elle était formée[66], même si les disciples d'Abū Ḥanīfa tenaient la tournure pour viciée : si le notaire écrivait que l'une des limites de la chose était la demeure d'un tel, puis que l'acquéreur l'avait achetée avec ses limites (*bi-ḥudūdihā*), la vente comprenait également, pour certains, celle de la maison voisine[67]. Toutefois, elle n'était pas considérée comme nulle[68]. Aussi, pour lever toute équivoque susceptible d'entretenir la confusion, des expressions plus précises étaient préconisées, comme l'une de ses limites intérieures (*aḥad ḥudūdihā al-dāḫila*) ou le chemin public (*al-ṭarīq al-ʿāmm*)[69].

Les propriétés contiguës des biens qui font l'objet de nos actes sont tantôt publiques : le chemin de passage (*al-ṭarīq al-mārr*) (nos II, l. 2-3, III, l. 5) ou l'étang (*al-birka*) (nos III, l. 5, IV, l. 4), tantôt privées : des maisons voisines indifféremment désignées sous trois termes différents, *dār*, *bayt* et *manzil*.

Dans deux actes (nos I et V), le notaire ajoute aux quatre limites du bien, l'entrée (*madḫal*) et la sortie (*maḫraǧ*), le bas (*sufl*) et le haut (*ʿulū*), afin de souligner que le bien est intégralement vendu, suivant un procédé d'expression de la totalité par l'opposition de deux contraires connu dans nombre de langues antiques et modernes[70]. De l'Ancien Testament[71] aux papyrus grecs d'Égypte[72], les mots « entrée » et « sortie » sont, en effet, parfois associés sans désigner nécessairement deux passages différents, l'un ouvrant sur l'intérieur, et l'autre sur l'extérieur. En clair, les usagers du portique vendu dans le premier et de la maison remise dans le second ne devaient pas y pénétrer et en sortir par des portes distinctes, même si le bâtiment disposait de deux ou plusieurs accès. La formule a joui d'une certaine vogue : on la retrouve en Orient[73] comme en Occident[74], où elle apparaît même dans des actes aragonais dressés en deux langues (arabe et latin) au XIIe siècle[75].

Comme les deux termes précédents, les deux mots suivants, *sufl* et *ʿulū* attestaient la vente de la totalité du bien, de haut en bas[76]. Toutefois, l'acception du premier variait suivant les pays : dans maintes régions d'Orient, comme l'Iraq et la Perse, il comprenait

65. Al-Ṭahāwī, *Buyūʿ*, p. 12.
66. Dietrich, *Arabische Papyri*, p. 18, 19 ; *APEL*, I, p. 169, no 57, p. 175, no 58 ; Wakin dans al-Ṭaḥāwī, *Buyūʿ*, p. 81 ; Fahmy, « Waṯā'iq », nos I, II, III, IV, V, VI et VIII.
67. Al-Saraḫsī, *Mabsūṭ*, XXX, p. 170, 171 ; Hoenerbach, « Some Notes », p. 35 ; Wakin dans al-Ṭaḥāwī, *Buyūʿ*, p. 80.
68. Al-Ṭaḥāwī, *Buyūʿ*, p. 11-12.
69. Al-Saraḫsī, *Mabsūṭ*, XXX, p. 170-171 ; Wakin dans Ṭaḥāwī, *Buyūʿ*, p. 81.
70. Lambert, 1943-1944.
71. Ezéchiel, XLIII, 11, comme l'évoque Lambert, 1943-1944, p. 94-95.
72. Husson, 1983, p. 71-72.
73. *APEL*, I, p. 169, no 57, p. 181, no 59, p. 198, no 62.
74. Hoenerbach, *Spanisch-islamische Urkunden*, p. 271, 272, no 27.
75. En arabe : *bi-l-duḫūl ʿalayhimā wa-l-ḫurūǧ ʿanhumā* ; et en latin : *cum introitibus et exitibus earum*, Hoenerbach, « Some Notes », p. 37.
76. Comme le souligne justement Wakin dans al-Ṭaḥāwī, *Buyūʿ*, p. 82.

d'ordinaire un souterrain (*sardāb*), alors qu'en Égypte, il se réduisait à l'étage inférieur[77], même si certaines maisons d'habitation, généralement dans les villes, plus rarement dans les campagnes, devaient disposer, comme à l'époque romaine et byzantine, d'une cave servant de magasin, d'entrepôt ou de débarras et quelquefois accessible seulement par une trappe, faute d'escalier[78]. Quant au mot *ʿulū*, il désignait la partie supérieure de la demeure susceptible de comporter un ou plusieurs étages[79]. Les deux termes étaient même si couramment usités dans les actes de vente, en Égypte[80], aussi bien qu'à Damas[81] et dans al-Andalus[82], que leur omission risquait de rendre le passage ambigu et d'exclure totalement ou partiellement de la vente le rez-de-chaussée et le dessus : l'un comporterait un sous-sol qui n'appartenait pas au vendeur et l'autre serait propriété d'un tiers[83]. Toutefois, certains notaires préféraient une tournure différente : « et entre autres, son bas et son haut » (*wa-minhā suflahu wa-ʿuluwwahu*)[84]. Dans les deux actes où figure la formule, le genre du pronom affixe joint aux deux termes suit celui du bien : il est au masculin pour *manzil* (nº V), au féminin pour *saqīfa* (nº I). Mais dans les actes de vente de maisons, les notaires étaient partagés. Les uns mettaient les deux pronoms possessifs au féminin pour relier le rez-de-chaussée et le dessus à la demeure (*dār*), alors que d'autres préféraient le genre masculin pour les rapporter à la construction (*al-bināʾ*)[85]. Les premiers alléguaient qu'ils pouvaient suggérer qu'un tiers autre que le vendeur avait des droits sur le bâtiment par quelque ouvrage qu'il avait élevé au-dessus de lui[86] ou que la demeure possédait une cave (*sardāb*) que n'englobait pas le terme *bināʾ* qui se bornait à la partie de la construction située au-dessus du sol[87] : ainsi la vente embrassait la totalité de la maison, bâtiment, toit, rez-de-sol et étage[88]. Quant aux derniers, ils avançaient que les deux pronoms féminins pouvaient suggérer que le rez-de-chaussée comprenait une cour à ciel ouvert (*ʿarṣa*)[89] ou que le terme *ʿulū* désignait

77. Al-Saraḫsī, *Mabsūṭ*, XXX, p. 171 ; Wakin dans al-Ṭaḥāwī, *Buyūʿ*, p. 83.
78. Husson, 1983, p. 131-133.
79. Al-Saraḫsī, *Mabsūṭ*, XXX, p. 171, 180-181 ; Wakin dans al-Ṭaḥāwī, *Buyūʿ*, p. 83.
80. Torrey, « An Arabic Papyrus Dated 205 A. H. », p. 12 ; Dietrich, *Arabische Papyri*, p. 61 ; *APEL*, I, p. 145, nº 54, p. 152, 169, nº 57, p. 175, nº 58, p. 205, nº 63, p. 268-269, nº 72 ; II, p. 3, nº 73 ; Khan, *Arabic Legal and Administrative Documents*, p. 56, nº 1, p. 61, nº 3, p. 91, nº 8, p. 118, nº 13, p. 124, nº 14.
81. Sourdel-Thomine, Sourdel, « Trois actes de vente », p. 169, l. 9, p. 170.
82. Al-Ǧazīrī, *al-Maqṣad al-maḥmūd*, p. 122 ; Hoenerbach, *Spanisch-islamische Urkunden*, p. 273, 284, nº 29.
83. *FA*, VI, p. 275.
84. Al-Saraḫsī, *Mabsūṭ*, XXX, p. 171.
85. Al-Ṭaḥāwī, *Buyūʿ*, p. 13 ; al-Saraḫsī, *Mabsūṭ*, XXX, p. 171. On rencontre le féminin parfois dans les actes, Khan, *Arabic Legal and Administrative Documents*, p. 61, nº 2, p. 91, nº 8.
86. Al-Ṭaḥāwī, *Buyūʿ*, p. 13.
87. Al-Saraḫsī, *Mabsūṭ*, XXX, p. 171.
88. Al-Ṭaḥāwī, *Buyūʿ*, p. 13.
89. *FA*, VI, p. 275.

le ciel[90], les nuages (*ʿanān*)[91] ou l'air (*hawā'*) (pourtant masculin) dont la vente illicite frapperait l'acte de nullité[92].

Enfin, dans nombre d'actes[93], les deux termes *sufl* et *ʿulū* sont accompagnés par deux autres : *arḍ wa-samā'* (mot pour mot : terre et ciel) dont l'emploi semble hérité de l'Antiquité : dans nombre d'actes de vente grecs provenant de maintes régions, comme dans des contrats coptes du VIIIe siècle, les formules « depuis le sol jusqu'au ciel » ou « depuis les fondations jusqu'au ciel » signifient seulement que la transaction englobait l'ensemble de la maison, du bas à l'espace non bâti au-dessus d'elle que l'acquéreur avait droit d'occuper et d'y édifier des constructions[94]. Toutefois, le terme *samā'* prit au fil du temps un sens différent : il ne désigne plus le firmament, comme certains l'ont compris et traduit, mais l'espace libre au faîte d'une construction, également appelé *hawā'*[95], qui correspondait généralement à une terrasse non aménagée dont l'acquéreur disposait librement, notamment pour la bâtir.

Aucune description, même sommaire, du bien n'est insérée dans les actes : le notaire se borne à signaler que la vente englobe « toutes ses appartenances » (*ǧamīʿ ḥuqūqihi*) (n° III) ou « toutes ses appartenances de dedans et de dehors » (*kull ḥaqq huwa lahu dāḫil* ou *bi-dāḫil fīhā wa-ḫāriǧ minhā*) (n^os^ I et II)[96]. En clair, elle embrassait la totalité des appartenances intérieures et extérieures, les premières étant nettement différenciées des secondes, comme les secondes des premières[97]. Toutefois, celles du dehors devaient être spécifiées dans l'écrit, sinon elles étaient exclues de la vente, un auvent commun à deux maisons contiguës formant saillie sur leurs murs, le canal amenant l'eau au logement ou le passage d'accès traversant une demeure voisine[98].

Le terme de *ḥaqq* désignait tout ce qui appartenait à la propriété et devait être inclus dans la vente : le dessus (*ʿulū*)[99], aussi bien que les troncs (*ǧuḏūʿ*) servant de poutres, les portes[100]

90. Al-Ṭaḥāwī, *Buyūʿ*, p. 13.
91. *FA*, VI, p. 275.
92. Al-Ṭaḥāwī, *Buyūʿ*, p. 13 ; *FA*, VI, p. 274, 275.
93. *APEL*, I, p. 145, n° 54, p. 161, n° 56, l. 4, p. 186, n° 60, p. 199-200, n° 62, l. 7-8, p. 211, n° 64, p. 220, n° 65, l. 10, p. 230, n° 66, p. 238, n° 67, l. 12, p. 241, n° 68, l. 9, p. 252, n° 69, l. 13-14, p. 268-269, n° 72, l. 6-7 ; II, p. 3, n° 73, l. 4.
94. Husson, 1983, p. 27-29.
95. Comme le révèle la formule « ce qui est au-dessus jusqu'au toit » (*mā fawqahu ilā al-hawā*), *APEL*, I, p. 152 ; Fahmy, « Waṯā'iq », p. 20. Le mot revêt le même sens à Damas, Sourdel-Thomine, Sourdel, « Deux actes de vente », p. 518, l. 7 : *hawā' qāʿat al-dār* (la partie supérieure de la grande salle de la maison) ; et dans al-Andalus : al-Ǧazīrī, *al-Maqṣad al-maḥmūd*, p. 155-156, reproduit « l'acte de vente d'une terrasse au-dessus d'un appartement » (*ʿaqd ibtiyāʿ hawā' fawqa bayt*) pour la construction d'une chambre (*ġurfa*).
96. Al-Ṭaḥāwī, *Buyūʿ*, p. 13, 14 ; al-Saraḫsī, *Mabsūṭ*, XXX, p. 172 ; Hoenerbach, « Some Notes », p. 36 ; Sourdel-Thomine, Sourdel, « Trois actes de vente », p. 167, l. 10, p. 178, l. 12 et 13 ; la traduction, p. 170, 180, « avec les droits y attenant et en découlant » est erronée mais pardonnable : l'édition du manuel d'al-Ṭaḥāwī ne parut qu'en 1972. Une variante figure parfois dans les actes : *al-ḥuqūq al-dāḫila fīhā wa-l-ḫāriǧa minhā*, al-Ṭahāwī, *Buyūʿ*, p. 14.
97. Al-Ṭaḥāwī, *Buyūʿ*, p. 14.
98. Al-Ṭaḥāwī, *Buyūʿ*, p. 14 ; al-Saraḫsī, *Mabsūṭ*, XXX, p. 175-176 ; Wakin dans al-Ṭaḥāwī, *Buyūʿ*, p. 83.
99. Al-Saraḫsī, *Mabsūṭ*, XXX, p. 176, 177.
100. Al-Saraḫsī, *Mabsūṭ*, XXX, p. 175.

et même le chemin privé (*ṭarīq ḫāṣṣ*) ou le lit d'un cours d'eau qui passaient par la maison de tiers (*dār qawm*)[101]. Mais son acception divisait les juristes : pour certains, il englobait tout ce qui se trouvait dans le bien immeuble, dont la vente était permise ou interdite, alors que pour d'autres, il écartait tout ce dont la vente était illicite (porc et vin). Quant aux plantes et aux fruits, ils étaient exclus par les uns[102], mais admis pour d'autres : ils tenaient les arbres et les arbustes pour des appartenances de la terre où ils poussaient, même si l'acte omettait de le préciser, alors que les fleurs, telles roses et jasmins, ne pouvaient l'être que si elles étaient expressément désignées comme telles[103].

Enfin, le terme de *ḥuqūq* était parfois associé à deux autres : *marāfiq* (dépendances)[104] qui faisaient partie des appartenances (*ḥuqūq*)[105] et *manāfiʿ* (accessoires)[106] qui ne figurent toutefois dans aucun de nos actes. Certains notaires ajoutaient le mot *ṭarīq* qui désignait le chemin privé (*ṭarīq ḫāṣṣ*) donnant accès à la demeure à l'exclusion du chemin public (*al-ṭarīq al-ʿāmm/ṭarīq al-ʿāmma*) ou le cours d'eau (*sabīl mā'*) : l'un et l'autre pouvaient, en effet, compter parmi les dépendances (*marāfiq*) de la maison[107]. Mais l'acte devait le préciser, afin d'écarter les voies de passage, les cours (*afniya*) ou les canaux (*masāyil*) qui alimentaient en eau les demeures avoisinantes, lesquels ne sauraient être vendus[108].

8. EXPRESSION DU PRIX

Après les limites, l'entrée, la sortie et les appartenances, les notaires indiquent le prix, qui ne saurait être inconnu sous peine de la nullité de la vente, et le nom du calife figurant sur les dinars : si le contrat était un jour annulé, l'acquéreur pouvait en principe réclamer une monnaie de meilleur aloi que celle qu'il avait versée[109]. Ainsi, dans trois actes (n°s II, III et IV), les dinars sont suivis de l'épithète *muʿizzī*, d'après le titre du premier calife fatimide d'Égypte, dont les monnaies continuèrent à circuler jusqu'en 429/1038, soit 64 ans après sa mort[110]. Mais dans le premier papier, les fragments versés ne sont accompagnés d'aucun adjectif : ils étaient, en effet, susceptibles de provenir de pièces d'origine indéterminée ou frappées

101. Al-Ṭaḥāwī, *Buyūʿ*, p. 14 ; al-Saraḫsī, *Mabsūṭ*, XXX, p. 175 ; Hoenerbach, « Some Notes », p. 36.

102. *FA*, VI, p. 276-277.

103. Al-Saraḫsī, *Mabsūṭ*, XXX, p. 189.

104. Al-Ṭaḥāwī, *Buyūʿ*, p. 3 ; al-Ǧazīrī, *al-Maqṣad al-maḥmūd*, p. 122, 127 ; *APEL*, I, p. 244, n° 68, p. 257, n° 70, p. 263, n° 71 ; Hoenerbach, « Some Notes », p. 36, 37 ; *Spanisch-islamische Urkunden*, p. 271, n° 27, p. 284, n° 29 ; Sourdel-Thomine, Sourdel, « Trois actes de vente », p. 178, n° 3 ; Sourdel-Thomine, Sourdel, Mouton, « Un acte notarié », p. 61.

105. *Wa-marāfiquhā fī ḥuqūqihā*, spécifiait al-Ṭaḥāwī, *Buyūʿ*, p. 13.

106. Al-Ṭaḥāwī, *Buyūʿ*, p. 13 ; al-Saraḫsī, *Mabsūṭ*, XXX, p. 171, 172 ; al-Ǧazīrī, *al-Maqṣad al-maḥmūd*, p. 122, 127 ; Hoenerbach, *Spanisch-islamische Urkunden*, p. 284, n° 29.

107. Al-Ṭaḥāwī, *Buyūʿ*, p. 3, 13 ; al-Saraḫsī, *Mabsūṭ*, XXX, p. 171-172.

108. Al-Ṭaḥāwī, *Buyūʿ*, p. 13, 14.

109. Rāġib, *Actes de vente d'esclaves et d'animaux*, II, p. 42 § 109.

110. Rāġib, *Actes de vente d'esclaves et d'animaux*, II, p. 43 § 111.

par des califes différents. Les sommes sont relativement modiques : un dinar et dix *qīrāṭ*-s pour le portique (n° I), un dinar et quart pour les deux premières cours (nos II et III) et encore moins pour la troisième : trois quarts de dinar seulement (n° IV). Enfin, l'indication du prix n'est jamais suivie de sa moitié, bien que cette pratique fût alors connue au Fayyoum : elle était destinée à interdire une altération de la somme pour y substituer une autre plus élevée que l'acquéreur pouvait réclamer au vendeur, si le marché était, pour diverses raisons, résilié[111].

9. LA DOUBLE PRISE DE POSSESSION (*TAQĀBUḌ*)

L'énoncé du prix est toujours suivi de sa prise de possession par le vendeur, puis par celle du bien par l'acheteur, sauf dans un acte (n° I), où la remise du portique à l'acquéresse précède sa libération de la somme convenue[112]. Des nombreux verbes qui expriment la réception du prix, deux seulement sont utilisés dans nos actes de vente : l'un est *sallama* (n° I) ou *tasallama* (n° II), l'autre *qabaḍa* (nos III et IV)[113]. Ce dernier est parfois suivi des termes « entièrement et pleinement » (*tāmman wāfiyan*) (nos III et IV)[114]. Pour attester le versement intégral de la somme, le notaire souligne parfois qu'il n'en reste aux anciens propriétaires « ni peu ni beaucoup » (*wa-lam yabqā lahum ʿanhā qalīl wa-lā kaṯir*) (n° I). Enfin, dans deux actes seulement (nos III et IV), le vendeur a verbalement libéré l'acheteur du règlement[115] : « Et il lui a donné quittance de cela, quittance accusant prise de possession et réception » *(wa- abra'athu/abra'ahu min ḏālika barā'at qabḍan wa-sṭīfā')* (n° III)[116].

10. TRANSFERT DU BIEN À L'ACQUÉREUR

Après avoir touché le prix et délivré verbalement la quittance, le vendeur remet (*sallama*) tantôt le bien à l'acquéreur (n° II), tantôt ce dernier en prend livraison (*tasallama*) (nos III et IV)[117]. Désormais, il en aura jouissance avec effets immédiats et en usera librement[118], comme le soulignent deux formules courantes à l'époque. L'une figure dans trois actes (nos II, III et IV) : « Il pourra en disposer comme les propriétaires disposent de leurs biens. S'il le veut, il vendra ; s'il le veut, il (en) fera don ; s'il le veut, il (en) fera aumône » *(yataḥakkamu fīhi bi-ḥukm al-mullāk fī amlākihim in šā'a bāʿa wa-in šā'a wahaba wa-in*

111. Rāġib, *Actes de vente d'esclaves et d'animaux,* II, p. 43-44 § 113.
112. Sur l'ordre de succession des formules, cf. Rāġib, *Actes de vente d'esclaves et d'animaux,* II, p. 54 § 135.
113. Sur le règlement du prix par l'acheteur et sa prise de possession par le vendeur, cf. Rāġib, *Actes de vente d'esclaves et d'animaux,* II, p. 55-56 § 137, 138 et 139.
114. Sur cette formule, cf. Rāġib, *Actes de vente d'esclaves et d'animaux,* II, p. 56 § 138.
115. Sur la quittance, cf. Rāġib, *Actes de vente d'esclaves et d'animaux,* II, p. 60 § 151.
116. Sur ces formules, cf. Rāġib, *Actes de vente d'esclaves et d'animaux,* II, p. 61 § 154.
117. Sur la forme que revêt la prise de possession de la chose, cf. Rāġib, *Actes de vente d'esclaves et d'animaux,* II, p. 57-58 § 140, 141 et 142.
118. Sur ces clauses de transfert de propriété, cf. Rāġib, *Actes de vente d'esclaves et d'animaux,* II, p. 61 § 154.

šā'a ṣadaqa). L'autre formule n'apparaît que dans un acte (nº I) : « Elle en a pris possession : c'est devenu un bien parmi ses biens et une propriété parmi ce qu'elle possède » (*wa-ḥāzathā wa-ṣārat māl min mālihā wa-mulk min mulkihā*).

11. GARANTIES DU VENDEUR

Un acte (nº III) déclare la vente « conclue suivant la (loi) de l'islam et sa garantie » (*ʿalā bayʿ al-islām wa-ʿuhdatihi*). Les deux premiers mots ne signifient pas que la transaction est passée selon le droit musulman, mais qu'elle est exempte de vice susceptible de l'entacher de nullité ; le dernier mot, *ʿuhda*, exprime l'assurance promise par le vendeur si l'acquéreur venait à être dépossédé par suite d'une action en revendication exercée par son légitime propriétaire[119]. Le vendeur était, en effet, tenu de garantir l'acquéreur de tout trouble émanant de tiers : aussi devait-il le protéger contre les périls de la revendication (*darak*) susceptible d'entraîner son éviction et repousser les attaques dont le bien pouvait être l'objet[120]. Des nombreuses formules usitées alors par les notaires en Égypte[121], deux seulement apparaissent dans trois de nos actes. La première figure dans un (nº I) : « Si quelqu'un forme une demande, elle sera tromperie et faux » (*wa-matā mā iddaʿā aḥad bi-daʿwā kāna daʿwāhu bāṭil wa-zūr*). Quant à la seconde, elle se rencontre dans les deux autres actes (nºs III et IV) : « Pour ce qui atteindra un tel (l'acquéreur) comme revendication, litige, poursuite, créancier inopiné (ou demandant le remboursement d'une dette) ou héritier réclamant un héritage, son exécution et sa libération incombent à un tel (le vendeur) avec son propre argent, quels qu'en soient la nature et le montant » (*fa-mā adraka… hāḏā al-muštarī min darak aw ʿilqa aw tabiʿa aw ṭāri'* (ou *ṭālib*) *bi-dayn aw mustaḥiqq li-mīrāṯ fa-nafāḏ ḏālika wa-ḫalāṣuhu ʿalā… kā'in mā kāna wa-bāliġ mā balaġa*). En clair, si l'acquéreur était dépossédé du bien acquis, le vendeur devait lui restituer l'intégralité de la somme reçue lors de sa réclamation.

12. GARANTIE DE LA VALIDITÉ DE L'ACTE

Deux actes sont déclarés exempts de la violence morale qui les frapperait de nullité si la victime l'invoquait[122] : « cela dans la plénitude de leurs facultés mentales et physiques, leur capacité juridique et leur assentiment, sans violence, ni contrainte, ni oppression » (*wa-ḏālika fī ṣiḥḥat ʿuqūlihim wa-abdānihim wa-ǧawāz umūrihim ṭā'iʿīn ġayr mukrahīn wa-lā muǧbarīn wa-lā muḍṭahadīn*) (nºs III et IV).

119. Rāġib, *Actes de vente d'esclaves et d'animaux,* II, p. 97 § 256.
120. Rāġib, *Actes de vente d'esclaves et d'animaux,* II, p. 93-95 § 247-254.
121. Rāġib, *Actes de vente d'esclaves et d'animaux,* II, p. 93-94 § 248.
122. Rāġib, *Actes de vente d'esclaves et d'animaux,* II, p. 102 § 271.

Les autres formules courantes dans les actes de vente ne figurent dans aucun des documents. Pourtant, nombre d'entre elles étaient tenues pour essentielles, comme celles qui garantissent la perfection et la validité du contrat et nient diverses dispositions susceptibles de le suspendre, clause, promesse, option ou résiliation[123], aussi bien que celles qui confirment la vue de la chose par l'acquéreur[124], la rupture de la séance et la séparation corporelle des parties (*tafarruq bi-l-abdān*) sur consentement mutuel[125], ou la lecture de l'écrit aux contractants[126]. Ainsi les notaires d'Uqlūl semblent plus laconiques que ceux des autres villages du Fayyoum, comme Ṭuṭūn.

13. LES DATES COMPLÈTES ET INCOMPLÈTES

Les actes proprement dits sont toujours clos par l'énoncé de la date. Celle-ci révèle par deux fois l'indifférence du notaire au temps : dans un acte (nº I), il n'a mis que l'année ; dans un autre (nº III), il a omis le quantième. Dans deux actes seulement (nºs II et IV), la date comporte les trois éléments essentiels (jour, mois, année). Toutefois, dans le premier, le notaire n'a pas compté le nombre de jours ou de nuits écoulés depuis la vision du dernier croissant, mais ceux qui restaient jusqu'à l'apparition du prochain, par le terme de *baqayna*. Cette coutume suscitait toutefois le blâme de maints juristes : nul ne pouvait savoir d'avance si le mois comporterait 29 ou 30 jours ; seule la vision de la nouvelle lune devait le déterminer[127]. Mais, comme le mois en question, amšīr, était solaire, l'astre de la nuit ne pouvait en indiquer la fin. L'année est celle de l'hégire, l'année lunaire couramment appelée année du croissant : *hilāliyya* (nºs II et III) plutôt que *qamariyya*, sauf dans un acte (nº I), où le notaire lui a préféré l'année solaire, *ḫarāǧiyya,* principalement suivie pour la perception de l'impôt foncier dont elle portait le nom.

14. TÉMOIGNAGES ET TÉMOINS

Enfin, après le corps de l'acte, se succèdent les attestations des témoins présents lors de la formation du contrat et susceptibles de le prouver en cas de litige. Leur nombre pouvait se réduire au minimum légal, deux (nº III), comme s'élever à quatre (nºs I et V), cinq (nº II) et même dix (nº IV). Il n'offre aucun lien avec la valeur du bien : la vente d'une cour pour un dinar et quart ne fut validée que par deux hommes, alors que celle d'une autre cédée pour moins, trois quarts de dinar, le fut par une dizaine de témoins. Des vingt-quatre témoins dont subsiste le nom, deux seulement apparaissent dans plus d'un acte et semblent de ce fait instrumentaires : ʿInān b. Mūsā, qui a attesté la véracité de

123. Rāġib, *Actes de vente d'esclaves et d'animaux,* II, p. 61-62 § 155-156.
124. Rāġib, *Actes de vente d'esclaves et d'animaux,* II, p. 62-64 § 157-165.
125. Rāġib, *Actes de vente d'esclaves et d'animaux,* II, p. VI, 66-67 § 173-175.
126. Rāġib, *Actes de vente d'esclaves et d'animaux,* II, p. 101-102 § 270-271.
127. Rāġib, *Actes de vente d'esclaves et d'animaux,* II, p. 103 § 275-276.

deux actes (nos I et II), et ʿAqīl b. Faḍāla b. ʿAlī, qui en a confirmé trois (nos II, III et IV). Mais les autres n'étaient pas toujours occasionnels, comme ces deux témoins que l'on retrouve dans deux documents, le premier dans un acte dressé dans le village voisin de Difunnū [128], le second dans un contrat de mariage (no VI).

La profession des témoins demeure inconnue : seuls trois d'entre eux ont, en effet, pris soin de l'indiquer : un substitut (*mustaḫlaf*) (no III) et deux prédicateurs (*ḫaṭīb*), Muḥammad b. Qāsim (no I) et ʿAqīl b. Faḍāla b. ʿAlī (nos II, III et IV). Comme les actes étaient souvent rédigés au voisinage des mosquées, pour en confirmer le contenu, les particuliers avaient coutume de recourir à leur personnel, des prédicateurs aux muezzins [129]. La première attestation est toujours celle du notaire [130], sauf dans un acte (no II), où il semble avoir écrit celle du deuxième témoin avant la sienne afin de combler le blanc qui s'étendait de la fin de l'acte jusqu'au bord de la feuille [131].

Comme souvent dans les actes de la pratique, tous les témoignages ne sont pas autographes : seuls quelques témoins rédigeaient leur attestation « de leur écriture » (*bi-ḫaṭṭihi*), comme ils le soulignaient toujours. Aucun ne lui a préféré une expression pourtant répandue : « de leur main » (*bi-yadihi*) [132]. Ceux qui se trouvaient, pour diverses raisons, dans l'incapacité ou l'impossibilité d'écrire confiaient la rédaction de leur témoignage à un tiers *(kutiba ʿanhu)* qui s'en acquittait sur leur ordre et en leur présence (*bi-amrihi wa-maḥḍarihi*) à la date de l'acte (*bi-ta'rīḫihi*), sans toutefois indiquer toujours son nom : un seul (no III, tém. 2) a, en effet, pris soin de le donner. Le nombre de substitutions varie d'acte en acte : parfois deux seulement sur dix (no IV), parfois la moitié, soit un sur deux (no III) ou deux sur quatre (no I), parfois davantage, soit deux sur trois (no II) et même trois sur quatre (no V). Quant aux témoins qui avaient rédigé en personne leur témoignage ou celui d'un autre, ils ne maîtrisaient pas nécessairement le calame : plusieurs commettaient des fautes grossières et semblent avoir péniblement tracé les formules et même le nom de celui qu'ils avaient remplacé, dont la lecture demeure souvent incertaine.

128. Wahb b. Nahār b. ʿAlī b. Ḥasnūn (no IV, témoin 8), *Papyrologische Studien*, p. 64, no XIX, l. 16.
129. Rāġib, *Marchands d'étoffes*, I, p. 12.
130. Rāġib, *Actes de vente d'esclaves et d'animaux,* II, p. 3 § 9, p. 9 § 24.
131. Rāġib, *Actes de vente d'esclaves et d'animaux,* II, p. 3 § 9, p. 114 § 303.
132. Rāġib, *Actes de vente d'esclaves et d'animaux,* II, p. 106 § 43.

I. ACTE DE VENTE D'UN PORTIQUE (408/1017-1018)[133]

P. LOND. OR. 4684 (1) (Pl. I)[134]

Papier. 17 cm × 18 cm. L'acte proprement dit comporte onze lignes. Puis les quatre témoignages, dont chacun forme deux lignes, sont écrits dans la marge supérieure, faute de place en bas de page. Encre brunie. Deux mains différentes : celle du notaire qui a aussi servi de premier témoin et rédigé apparemment l'attestation des deux suivants, puis celle du dernier témoin.

Analyse

En 408/1017-1018, Bahǧa ibnat Manṣūr achète un portique à ses deux voisins, Faḍl et Sawwār, apparemment ses frères, bien que l'acte omette de le préciser. Cette galerie couverte s'arrêtait sur deux côtés, sud et ouest, à la maison de Barmūda ; sur les deux autres, nord et est, à celle de l'acquéresse. Le prix a été réglé en fragments découpés, non seulement les dix *qīrāṭ*-s, mais apparemment aussi le dinar, comme le révèle le terme de *kisar* qui embrasse l'intégralité de la somme. La date est incomplète : elle ne comporte ni mois ni quantième, bien que les notaires fussent tenus de les indiquer[135]. Malgré sa fonction de prédicateur, le notaire, Muḥammad b. Qāsim, ne devait pas maîtriser l'écriture. Sa maladresse est trahie par la grossièreté des fautes commises : le nom de Bahǧa est devenu tour à tour Bağha (l. 4 et 6) et Bağhada (l. 7), comme le mot *saqīfa* a été transformé en *safqa* (l. 3). De même, le pronom personnel *-hu* joint à *ḥadd* (l. 5) est au masculin, alors que le féminin s'impose pour s'accorder au genre de *saqīfa*. Les quatre attestations, dont la première est celle du notaire, ont été glissées au-dessus de l'acte, pour ne pas les rejeter au verso. À une date inconnue, le portique fut certainement vendu au voisin de l'acquéresse, Barmūda, sinon au fils de ce dernier, ʿAbd al-Raḥīm, qui devait également acheter à Bahǧa une cour en 415/1024 (n° III). Le papier lui fut alors remis par Bahǧa : en effet, le vendeur délivrait quelquefois à l'acquéreur l'acte reçu lors de son acquisition[136]. Mais le document qui constatait le changement de mains du portique semble perdu, à moins qu'il n'ait pas été encore repéré dans une collection.

133. Publié dans *Papyrologische Studien*, p. 84-87, n° XXIII.

134. Après le classement dans l'ordre chronologique des documents portant la même cote, ce papier changea de numéro : du V il passa au I.

135. Rāğib, *Actes de vente d'esclaves et d'animaux*, II, p. 102 § 273.

136. Rāğib, « Les archives d'un gardien », p. 26 ; Rāğib, *Actes de vente d'esclaves et d'animaux*, II, p. 28 § 69.

Texte

١. بســــــــم الله الرحمن الرحيم
٢. هذا ما اشترت بهجة ابنت منصور من فضل وسوار اولاد منصور
٣. اشترت السفقة المعروفة التي لهم بحري بيت برموده
٤. وهو ايضا غربي بيت بجهة اشترت ذلك بحدها وحدودها
٥. الاربع وحده الاول وهو القبلي ينتهي الى منزل برموده وحده الثاني و
٦. هو البحري ينتهي الى ركن بيت بجهة والحد الشرقي ينتهي الى بيت
٧. بجـــهـ{ـد}ة والحد الرابع وهو الغربي ينتهي الى بيت برموده اشترت ذلك
٨. بحدها وحدودها ومدخلها ومخــرجها وسفلها وعلو{لـ}ـها وحازتها وصارت
٩. مال من مالها وملك من ملكها بدينار ´واحد` وعشرة قراريط وسلمت بهجة
١٠. لسوار وفضل هذا الكسر ولم يبقا لهم عنها قليل ولا كثير ومتا ما ادعا احد بدعوا
١١. كان دعواه باطل وزور وشهد على ذلك وكتب في سنة ثمان واربع مايه الخرا[جية]

Haut

١. شهد محمد بن قاسم الخطيب
بجميع ما فيه وكتب بخطه في تاريخه
٢. شهد بزرب بن موسى
بجميع ما فــيه وكتب عنه
٣. شهد عمار بن نهار بجميع ما فيه
وكتب عنه بامره ومحضره في تاريخه
٤. شـــهد عنان بن موسى بجميع ما في هذ[ا]
الكتـ<ـــا>ب وكتب بخطه

Notes de lecture

Ligne 3 : *al-safqa = al-saqīfa*; les mots *allatī lahum baḥrī* sont rédigés en surcharge sur un passage antérieur toujours lisible *: bi-Uqlūl min qurā al-Fayyūm*. Grohmann a cru reconnaître quelques mots dénués de sens : *bi al-naṣṣ min sahm*.

L. 4 : Bağha = Bahğa.

L. 6 : même métathèse qu'à la l. 4. Grohmann a lu Naġha.

L. 7 : Baġhada = Bahǧa. Grohmann a repris l'erreur de la ligne précédente.

L. 8 : Grohmann a lu *ḥiyāzatihā* au lieu de *ḥāzathā*.

Témoignage 2 : Grohmann a lu Yarzub.

Tém. 3 : le père du témoin a été lu Šamār par Grohmann, alors que Nahār est clairement écrit.

Tém. 4 : Grohmann : ʿAyyāl au lieu de ʿInān.

Traduction

1. Au nom de Dieu, clément et miséricordieux !
2. Voici ce qu'a acheté Bahǧa ibnat Manṣūr de Faḍl et Sawwār, les fils de Manṣūr.
3. Elle a acheté le portique connu qui leur appartient au nord de la maison de Barmūda
4. et qui se trouve également à l'ouest de la maison de Baġha (sic). Elle a acheté cela avec sa délimitation et ses quatre limites.
5. La première, celle du sud, s'étend jusqu'à la demeure de Barmūda ; la deuxième,
6. celle du nord, jusqu'à l'angle de la maison de Baġha (sic) ; la limite est, jusqu'à la maison
7. de Baġhada (sic) ; la quatrième, celle de l'ouest, jusqu'à la maison de Barmūda. Elle a acheté cela
8. avec sa délimitation et ses limites, son entrée et sa sortie, son bas et son haut. Elle en a pris possession : c'est devenu
9. un de ses biens et une de ses propriétés pour un 'seul' dinar et dix *qīrāṭ*-s. Bahǧa a remis
10. à Sawwār et Faḍl ces fragments. Il ne leur en reste ni peu ni beaucoup. Si quelqu'un forme une demande,
11. elle sera tromperie et faux. Témoignage en a été rendu. Écrit en l'année quatre cent huit de l'im[pôt foncier].

Haut

1. A témoigné Muḥammad b. Qāsim le prédicateur
   de la totalité du contenu de (l'écrit). Il a écrit de son écriture à la date (de l'écrit).
2. A témoigné Bazrab b. Mūsā
   de la totalité du contenu de (l'écrit). On a écrit pour lui.
3. A témoigné ʿAmmār b. Nahār de la totalité du contenu (de l'écrit).
   On a écrit pour lui sur son ordre et en sa présence à la date (de l'écrit).
4. A témoigné ʿInān b. Mūsā de la totalité du contenu de cet
   écrit. Il a écrit de son écriture.

Commentaire

Ligne 2 : le nom du vendeur est probablement Sawwār, plus répandu que Siwār et Suwwār[137].

L. 3 : le terme *saqīfa* désigne un portique aussi bien qu'un passage couvert[138] ; le mot *bayt* était couramment donné à une seule pièce couverte d'un toit où l'on passait la nuit (*musaqqaf wāḥid yubātu fīhi*)[139], soit une chambre à coucher[140]. Il revêt, en effet, souvent ce sens dans les manuels de notariat[141] et les actes de vente de demeures[142], mais il doit se rapporter ici à la maison, comme dans les documents de la Geniza[143]. Le propriétaire de la demeure voisine, Barmūda, était probablement le père de ʿAbd al-Raḥīm qui devait acheter la cour de Bahǧa (nº III) : son nom était répandu parmi les musulmans d'Égypte, comme le révèlent divers témoignages inscrits au bas des actes[144]. Le nom des mois coptes, non seulement Barmūda, mais également Barmahāt[145], était souvent donné aux enfants musulmans dans les campagnes où le calendrier agricole était plus suivi que le calendrier lunaire ; de même, les coptes recevaient parfois à la naissance le nom de Ramaḍān[146].

L. 5 : le terme de *manzil* désignait généralement le lieu où l'homme demeure avec sa famille et ses meubles (*al-mawḍiʿ allaḏī yaskunuhu al-mar' bi-ahlihi wa-ṯiqalihi*), plus petit qu'une maison et plus grand qu'une chambre (*dūna al-dār wa-fawqa al-bayt*)[147], soit le plus souvent un appartement. C'est dans cette acception qu'il apparaît dans les manuels

137. Ibn Mākūlā, *Ikmāl*, IV, p. 387-388 ; al-Ḏahabī, *Muštabih*, I, p. 376 ; Ibn Nāṣir al-Dīn, *Tawḍīḥ*, V, p. 204 ; Ibn Ḥaǧar, *Tabṣīr*, II, p. 699-700.

138. Dozy, 1887, vol. 1, p. 603 ; Goitein, 1967-1993, vol. 4, p. 27, 30, 60.

139. Al-Saraḫsī, *Mabsūṭ*, XXX, p. 176.

140. Wakin dans al-Ṭaḥāwī, *Buyūʿ*, p. 101.

141. Voir par ex. al-Saraḫsī, *Mabsūṭ*, XXX, p. 177 : *ǧamīʿ al-bayt allaḏī kāna fī al-dār*, p. 178 : *baytan ʿuluwwan fī al-dār* et *al-bayt fī ʿulū al-dār*, p. 182 : *ištarā baytan min al-dār* ; al-Ṭaḥāwī, *Buyūʿ*, p. 60 : *bayt fawqahu bayt* et *al-baytayn allaḏayni min al-dār*, p. 61 : *baytan min dār* ; *FA*, VI, p. 257, 287, 289 : *ǧamīʿ al-dār al-muštamila ʿalā al-buyūt*, p. 287 : *baytan muʿayyanan min al-dār*.

142. Les deux *bayt*-s mentionnés dans Sourdel-Thomine, Sourdel, « Trois actes de vente », p. 173, 174, l. 11, semblent des chambres situées dans un *manzil*, et non des maisons, comme le croyaient les éditeurs. Par contre, dans Sourdel-Thomine et Sourdel, « Deux actes », p. 518 l. 4 et 8, *al-bayt al-ʿulū* n'était pas une chambre, mais une salle de séjour (*al-bayt al-maǧlis*) (l. 8 et 13).

143. Goitein, 1967-1993, vol. 4, p. 57.

144. Comme Barmūda b. Ǧubayra (nº IV, l. 3) et Barmūda b. Muḥammad, *APEL*, II, p. 12 nº 74.

145. Dans le dernier contrat de mariage (nº VI), le cinquième témoin s'appelle Barmahāt b. Abū al-Ḥasan.

146. Le gardien du monastère de Qalamūn, Abū al-Dīn b. Ramaḍān, était copte, malgré le nom de son père : son frère s'appelait, en effet, Rāhib, cf. Rāġib, « Les archives d'un gardien », p. 26.

147. Al-Saraḫsī, *Mabsūṭ*, XXX, p. 176.

de notariat[148] et certains papyrus[149]. Mais il semble s'appliquer ici à la demeure, comme dans nombre de documents de la pratique[150] et papiers de la Geniza[151], d'autant plus que la maison en question est également désignée sous le terme de *bayt* (l. 3 et 7).

L. 8 : la formule *suflihā wa-ʿuluwwihā* semble une clause de style : le portique était probablement dépourvu d'étage.

L. 10 : j'ai rattaché le pronom possessif affixe à *kisar* pourtant masculin plutôt qu'à Bahǧa.

Témoignage 2 : le nom curieux du témoin était connu en Égypte : la rue de Fustat où se trouvait la maison de Nafīsa bint al-Ḥasan s'appelait Darb Bazrab ou Bazrāb et Darb al-Sibāʿ (rue des lions)[152].

Tém. 3 : le nom du père du témoin peut se lire Nahār comme Bahār[153].

Tém. 4 : le nom du témoin peut être ʿInān, aussi bien que ʿAnān et Ġayyān[154], mais pas ʿAyyāl, comme l'a lu Grohmann. J'ai choisi la forme la plus courante.

II. ACTE DE VENTE D'UNE COUR (411/1021)

P. LOND. OR. 4684 (2) (Pl. II)[155]

Papier. 19 × 16 cm. L'acte se réduit à six lignes après la perte du début qui l'a privé des premières : deux, sinon trois. Suivent les témoignages, qui s'étendent sur cinq lignes. Enfin, une dernière ligne a été rédigée transversalement dans la marge droite. Encre brunie. On distingue quatre mains : celle du notaire, ʿInān b. Mūsā, qui a écrit les attestations du premier et du troisième témoins ; celles des quatrième et cinquième témoins ; enfin celle du rédacteur de la ligne glissée en travers de la marge.

148. Voir par ex. al-Ṭaḥāwī, *Buyūʿ* p. 30 : *ǧamīʿ mā fī al-dār min binā' wa-manāzil*, p. 60 : *al-manzil allaḏī min al-dār* et *manzil fawqahu manzil* ; al-Saraḫsī, *Mabsūṭ*, XXX, p. 175 : *ištarā manzilan fī dār*, p. 177 : *ištarā manzilan wa-fawqahu manzil*, p. 182 : *ištarā minhu manzilan fī al-dār … hāḏā al-manzil min hāḏihi al-dār* ; *FA*, VI, p. 288 : *manzilan muʿayyanan min al-dār* et *al-manzil makān muʿayyan min al-dār*.

149. *Al-manzil fī al-dār*, *Papyrologische Studien*, p. 82, n° XXI.

150. Dans la majorité des actes de vente, la maison est désignée sous le terme de *manzil*, *APEL*, I, n°s 56, 57, 58, 59, 60, 61, 64, 65, 66, 67, 68, 69, 70, 71 et 72.

151. Goitein, 1967-1993, vol. 4, p. 57, 84.

152. Al-Maqrīzī, *Mawāʿiẓ*, II, p. 441 ; Rāġib, 1977, p. 49.

153. Al-Ḏahabī, *Muštabih*, II, p. 649 ; Ibn Nāṣir al-Dīn, *Tawḍīḥ*, IX, p. 128 ; Ibn Ḥaǧar, *Tabṣīr*, IV, p. 1428.

154. Ibn Nāṣir al-Dīn, *Tawḍīḥ*, VI, p. 368 ; Ibn Ḥaǧar, *Tabṣīr*, III, p. 973-974.

155. Ce papier portait précédemment le n° VI. Mais après un classement dans l'ordre chronologique, il est devenu le n° 2.

Analyse

L'acte provient d'Uqlūl : son origine est, en effet, révélée par le témoin ʿInān b. Mūsā, qui figure dans le précédent acte. Le 25 amšīr 411/20 février 1021, un copte, Barūs dont le nom du père est perdu, achète pour un dinar et quart d'al-Muʿizz une cour (*ʿarṣa*) à Muḥammad b. Qāsim, sans doute le prédicateur qui avait rédigé et attesté la véracité de l'acte précédent. Cette cour finissait à l'est à la voie publique, et aux trois autres côtés, à trois maisons. L'énoncé de ses limites comporte une erreur : le notaire a répété le terme *šarqī* ; le second côté doit être remplacé par *ġarbī*, comme je l'ai fait dans la traduction. Cinq témoins ont attesté le contenu de l'acte, trois de leur main, les deux autres de la main du notaire, ʿInān b. Mūsā. Contrairement à l'usage alors suivi en Égypte, ce dernier ne semble pas avoir écrit son témoignage en premier : il a probablement commencé par rédiger celui d'un témoin pour combler le blanc qui sépare la fin de l'acte du bord de la feuille. Ainsi nul ne pouvait y glisser une addition frauduleuse, en particulier l'approbation d'un faux commis après rédaction. L'acheteur, Barūs, a ensuite reconnu qu'il a fait ratifier le document par Qaššāš b. Šabīb. Bien que sa fonction ne soit pas spécifiée, il devait être cadi ou substitut de cadi. À l'instar du portique vendu dans l'acte précédent, cette cour fut ensuite acquise par Barmūda ou son fils, ʿAbd al-Raḥīm : l'acte présent fut alors versé dans les archives de la famille.

Texte

١ . الاسود بما اشتملت عليه حدود اربع حده الاول وهي القبلي ينتهي الى بيت دا المعماري

٢. والحد الثاني وهي الشرقي ينتهي الى دار ابو الاسود والحد الثالث وهو الشرقي ينتهي الى الط[ـريق]

٣. المار والحـ[ـــد الرابع وهو] البحري ينتهي الى بيت سوار بن برموده اشترا الـــعر[صة بحدها]

٤. وحـــدودها وكـل ذلك بدينار وربع معزي وتسلّت محمد بن قاسم الثمن وسلم العرصة التي ورثها عن ا[بيه]

٥. قاسم لبروس وصار كل حق هو له بـــداخل فيه وخارج منه يتحكم فيها بحكم الملاك في امــلاكـ[ـهم]

٦. ان شا باع او شا{ع} صدق وكتب في خمس ايام بقين من امشير من سنة احدا عشر واربعماية الهلالية

٧. شهد على ذلك شهد جوامرد بن عباس على اقرار بجميع ما فيه وكـتب عنه بامره ومحـ[ـضــره]

٨. شهد عنان بن موسى بجميع ما في هذا الكلتك وكتب بخطه

٩. شهد ابو الفرج بن الحسين على اقرار بجميع ما فيه وكتب عنه بامره ومحضره

١٠ . شهد ادريس بن ابو جميل على اقرار بجميع ما في هذا الكتاب وكتب بخـــطه

١١ . شهد نصر بن بحمسد؟ بما فيه وكتب بخطه

Marge droite

١٢. واقر المشــتري انه قد امضى لقشاش بن شبيب ما في هذه الوثيقة

Notes de lecture

L. 2 : le notaire a répété l'épithète *šarqī*. La seconde doit être remplacée par *ġarbī*.

L. 4 : deux points diacritiques mis par mégarde sur le *mīm* final de *tasallama* ont transformé la consonne en *tā'* : ainsi le verbe devint *tasallata*.

L. 8 : *kltk* au lieu de *kitāb*.

Traduction

1. Al-Aswad avec ce qu'englobent quatre limites. La première, celle du sud, s'étend jusqu'à la maison de Dā le maçon ;
2. la deuxième, celle de l'est, jusqu'à la maison d'Abū al-Aswad ; la troisième, celle de l'ouest, jusqu'au chemin
3. de passage ; et [la quatrième], celle du nord, jusqu'à la maison de Sawwār b. Barmūda. Il a acheté la cour [avec sa délimitation]
4. et ses limites. Tout cela pour un dinar et quart d'al-Muʿizz. Muḥammad b. Qāsim a pris livraison du prix et remis la cour héritée [de son père],
5. Qāsim, à Barūs. Toutes ses appartenances de dedans et de dehors sont devenues siennes. Il pourra en disposer comme les propriétaires disposent de leurs biens.
6. S'il le veut, il vendra ; s'il le veut, il (en) fera aumône. Écrit le vingt-cinq d'amšīr de l'année lunaire quatre cent onze.
7. Témoignage en a été rendu. A témoigné Ǧawāmard b. ʿAbbās de la reconnaissance de la totalité du contenu (de l'écrit). On a écrit sur son ordre et en [sa présence].
8. A témoigné ʿInān b. Mūsā de la totalité du contenu de cet écrit. Il a écrit de son écriture.
9. A témoigné Abū al-Farağ b. al-Ḥusayn de la reconnaissance de la totalité du contenu de (l'écrit). On a écrit pour lui sur son ordre et en sa présence.
10. A témoigné Idrīs b. Abū Ǧamīl de la reconnaissance de la totalité du contenu de cet écrit. Il a écrit de son écriture.
11. A témoigné Naṣr b. .... du contenu (de l'écrit). Il a écrit de son écriture.

Marge droite

12. L'acquéreur a reconnu qu'il a fait ratifier par Qaššāš b. Šabīb le contenu de ce document.

Commentaire

Ligne 1 : le nom Dā ou D̲ā qui était peut-être suivi d'un *hamza* n'est guère attesté. Le terme de *miʿmārī* est curieux, même en dialecte. On s'attend seulement à *miʿmār*. Mais le *yā'* final est clairement écrit, bien que pâle, comme le restant des fins de ligne.

L. 3 : le terme *ʿarṣa* désigne un espace à ciel ouvert, cour extérieure susceptible de comporter une construction[156] aussi bien que jardin ou verger[157].

L. 5 : le nom Barūs doit correspondre à Paros ou Parosh[158]. Il figure dans quelques papyrus arabes[159].

L. 7 : le nom Ǧawāmard vient du persan Ǧawānmard (homme généreux). Son attestation dans un village du Fayyoum révèle une certaine vogue en Égypte fatimide, même si elle n'est guère confirmée par les sources narratives : je ne l'ai retrouvé que comme surnom honorifique (*laqab*) d'un cadi[160].

L. 10 : plusieurs lectures sont possibles du nom du père du témoin : Ǧamīl, Ǧumayl, Ǧumayyil, Ḥamīl, Ḥumayl, Ḫamīl et Ḫumayl[161]. J'ai choisi la première, apparemment la plus répandue.

L. 12 : Qaššāš b. Šabīb apparaît dans deux autres actes de vente provenant du Fayyoum que conserve maintenant l'Ägyptisches Museum de Berlin, et peut-être d'autres encore inconnus : le premier, d'une cour en 406/1015 où il porte la *nisba* d'al-ʿĀmirī[162] ; le second, d'un portique en 417/1026 dans un village voisin, Difunnū[163]. Ses enfants, Abū al-Ḫayr, Razīn, D̲u'ayb et Ṭarīf, figurent aussi dans deux actes de partage, l'un d'une palmeraie en 456/1064[164], l'autre d'une esclave en 470/1078[165]. Le nom de son père peut être lu de trois autres manières moins courantes : Šubayṯ, Nusayb et Sutayt. Il faut probablement écarter al-Nasīb que précédait généralement l'article *al-*[166].

156. Comme le révèle un passage de *FA*, VI, p. 292 : *ʿarṣat dār binā'uhā li-l-muštarī.*

157. Dozy, 1887, vol. 2, p. 111.

158. Preisigke, 1922, col. 280.

159. Voir par ex. *APEL*, IV, p. 104, nº 239, l. 12 ; VI, p. 190, nº 416, l. 16.

160. Al-Muwaffaq Abū al-Faḍā'il Yūnus b. Muḥammad, prédicateur de Jérusalem (*ḫaṭīb al-Quds*) qui possédait un oratoire dans la nécropole d'al-Qarāfa, al-Maqrīzī, *Mawāʿiẓ*, II, p. 450.

161. Ibn Mākūlā, *Ikmāl*, II, p. 125-128 ; al-D̲ahabī, *Muštabih*, I, p. 177 ; Ibn Nāṣir al-Dīn, *Tawḍīḥ*, II, p. 442-445 ; Ibn Ḥaǧar, *Tabṣīr*, I, p. 264-265.

162. *BAU*, nº 10 ; *Chrestomathie*, p. 101-103.

163. *Papyrologische Studien*, p. 63-68, nº XIX.

164. *Papyrologische Studien*, p. 17-21, nº III.

165. *Papyrologische Studien*, p. 21-27, nº IV.

166. Ibn Mākūlā, *Ikmāl*, V, p. 31-32 ; al-D̲ahabī, *Muštabih*, I, p. 390, 641 ; Ibn Nāṣir al-Dīn, *Tawḍīḥ*, V, p. 290-291 ; Ibn Ḥaǧar, *Tabṣīr*, II, p. 773 ; IV, p. 1414.

III. ACTE DE VENTE D'UNE COUR (415/1024)

P. LOND. OR. 4684 (5) (Pl. III)[167]

Papier. 26 × 19 cm. L'acte comporte dix lignes qui ont perdu leur fin, à l'exception de la dernière qui se termine par un *yā'* longuement étiré suivi d'un *tā' marbūṭa* afin d'interdire toute adjonction frauduleuse entre le corps du texte et les attestations des témoins[168]. Suivent deux colonnes de témoignages de trois lignes chacune. Encre noire, pâlie par endroits. Une seule écriture pour tout le document : le notaire a servi de premier témoin et rédigé l'attestation du second.

Analyse

En ǧumādā I 415/juillet 1024, ʿAbd al-Raḥīm b. Barmūda achète pour un dinar et quart d'al-Muʿizz la cour (*ʿarṣa*) que sa voisine Bahǧa ibnat Manṣūr a héritée de son père. L'espace à ciel ouvert qui servait peut-être de jardin, comme le suggère l'expression « boue noire » (*ṭīna sawdā'*), était bordé au sud et à l'est par deux maisons, au nord par un étang, et à l'ouest par le chemin public. Seuls deux hommes ont attesté la véracité de l'acte, dont le premier est le prédicateur de la mosquée d'Uqlūl qui avait succédé à Muḥammad b. Qāsim, notaire et témoin de l'acte n° I.

Texte

١. بسم الله الرحمن الرحيم

٢. هذا ما اشترا عبد الرحيم بن برموده من بهجة ابنت منصور بن مبارك وهما جميعا من سكان الضيعة المعروفة [باقلول]

٣. من قرى كـــــــورة الفيوم اشترا منها صفقة واحدة وعقدة واحدة العـــرصة المعروفة التي لها عن ورثة ابيها منصور بن مبارك الاقلولـ[ـــي]

٤. في بحري الضيعة بجميع حدودها وحقوقها وما اشتملت عليه حد حدودها الاربع الحد الاول وهو القبلي ينتهي الى ركن منزل بن ابو جبيرة والحد الثاني و[هو]

٥. البحري ينتهي الى البـــركة والحد الثالث وهو الشرقي ينتهي الى منزل جابر بن ليث وابن منصور والحد الرابع وهو الغـــربي ينتهي الى الطريق [المار]

167. Du n° VII qu'il portait, il devint le n° 5.
168. Rāğib, *Actes de vente d'esclaves et d'animaux*, II, p. 4 § 9.

٦. كـــل ذلك بدينار وربع معزية قبضت بهجة ابنت منصور بن مبارك هذا الثمن تاما وافيا وابراته من ذلك براة
قبضا واستيفا وتسلم عبد الر[حيم]

٧. بن برموده هذه العــرصة طينة سودا يحكم فيها حكم الملاك في املاكهم ان شا باع وان شا وهب وان شا صدق
كان مالا من ماله على بيع الاسلام وعـ[ـهدته]

٨. فما ادرك عبد الرحيم بن برموده هذا المشتري من درك او علقة او تبيعة او طاري بدين او مستحق لميراث فنفاذ
ذلك وخلاصه على بهجة ابنت منصور بن [مبارك]

٩. من خالص مالها كا<يـن> ما كان وبالغ ما بلغ وذلك في صحة عقولهما وابدانهما وجواز امورهما طايعين غير
مكرهين ولا مجبرين ولا مضطهدين وذلك في جمدى الاولى

١٠. سـنــة خـمس عشـر واربـع مـايـــــــــــــــــــــــــة [[الهـلاليـة]]

Colonne gauche

١. شهد عقيل بن فضالة بن علي بن مختار الخطيب باقلول صح

٢. على اقرار البايعة بالبيع وقبض الثمن والمشتري بالشرى وكتب بخطه في تاريخـ[ـه]
الحمد لله كثيرا

Colonne droite

٣. شهد عمر بن علي بن حســـنون المستخلف باقلول صح

٤. على اقرار البايعة بالبيع وقبض الثمن والمشتري بالشرى وكتب عنه عقيل بن فضالة
بامره ومحـــضره في تاريخـــــــــــه

Notes de lecture

Ligne 5 : le mot perdu après *al-ṭarīq* pourrait être *al-ʿāmm* aussi bien qu'*al-mārr*. J'ai choisi le second comme dans l'acte nº II, l. 3.

Traduction

1. Au nom de Dieu, clément et miséricordieux !
2. Voici ce qu'a acheté ʿAbd al-Raḥīm b. Barmūda de Bahǧa ibnat Manṣūr b. Mubārak, qui comptent tous deux parmi les habitants du domaine connu sous le nom [d'Uqlūl]
3. des villages du district du Fayyoum. Il lui a acheté en une seule opération et un seul acte la cour connue qui lui appartient par héritage de son père, Manṣūr b. Mubārak al-Uqlūl[ī],

4. au nord du domaine, avec toutes ses limites, ses appartenances et ce qu'englobe la délimitation de ses quatre limites. La première, celle du sud, s'étend jusqu'à l'angle de la demeure d'Ibn Abū Ǧubayra ; la deuxième, [celle]
5. du nord, jusqu'à l'étang ; la troisième, celle de l'est, jusqu'à la maison de Ǧābir b. Layṯ et d'Ibn Manṣūr ; et la quatrième, celle de l'ouest, jusqu'au chemin [de passage].
6. Tout cela pour un dinar et quart d'al-Muʿizz. Bahǧa ibnat Manṣūr b. Mubārak a pris possession de ce prix, entièrement et pleinement. Elle lui a donné quittance de cela, quittance accusant prise de possession et réception. ʿAbd al-Ra[ḥīm]
7. b. Barmūda a pris livraison de cette cour de boue noire. Il en disposera comme les propriétaires disposent de leurs biens. S'il le veut, il vendra ; s'il le veut, il (en) fera don ; s'il le veut, il (en) fera aumône. C'est devenu un bien parmi ses biens. Vente (conclue suivant la loi) de l'islam et [sa] ga[rantie].
8. Pour ce qui atteindra ʿAbd al-Raḥīm b. Barmūda, cet acquéreur, comme revendication, litige, poursuite, créancier inopiné ou héritier réclamant un héritage, son exécution et sa libération incombent à Bahǧa ibnat Manṣūr b. [Mubārak]
9. avec son propre argent, quels qu'en soient la nature et le montant. Cela dans la plénitude de leurs facultés mentales et physiques, leur capacité juridique et leur assentiment, sans violence, ni contrainte, ni oppression. Cela en ǧumādā I
10. l'année quatre cent quinze [[lunaire]].

Colonne gauche

1. A témoigné ʿAqīl b. Faḍāla b. ʿAlī b. Muḫtār le prédicateur d'Uqlūl
2. de la reconnaissance, par la vendeuse, de la vente et de la prise de possession du prix, et par l'acquéreur, de l'achat. Il a écrit de son écriture à la date (de l'écrit). Certifié.

Colonne droite

3. Louange à Dieu à foison !
4. A témoigné ʿUmar b. ʿAlī b. Ḥasnūn le substitut d'Uqlūl
de la reconnaissance, par la vendeuse, de la vente et de la prise de possession du prix, et par l'acquéreur, de l'achat. ʿAqīl b. Faḍāla a écrit pour lui
sur son ordre et en sa présence à la date (de l'écrit). Certifié.

Commentaire

Lignes 2-3 : comme nombre de localités égyptiennes, spécialement sous les Fatimides, Uqlūl est appellée *ḍayʿa*, littéralement : domaine, mais jamais *qarya*, bien qu'elle fût proprement un village. Cette distinction permet de déduire que les agglomérations rurales désignées sous le premier terme étaient de moindre importance que celles qui recevaient couramment le second, bien que les deux fussent classées par l'administration dans la même catégorie.

L. 4 : le nom Ǧubayra peut être également lu Ǧabīra[169].

Témoignage 1 : deux autres lectures sont possibles du nom du témoin : ʿUqayl et Ġufayl[170].

Tém. 2 : le nom du grand-père du témoin est certainement Ḥasnūn en raison du point marqué sur le premier *nūn*. Aussi faut-il écarter les lectures Ḥabšūn et Ǧaysūr[171]. Il était probablement l'oncle paternel de Wahb b. Nahār b. ʿAlī b. Ḥasnūn qui figure parmi les témoins de l'acte suivant.

IV. ACTE DE VENTE D'UNE COUR (418/1027)

P. BEROL. INV. 8170 (Pl. IV)[172]

Parchemin. 33,5 cm × 25,5 cm. Encre pâle. L'acte comporte sept lignes. On distingue trois écritures différentes : celle du notaire qui fut le premier à certifier la véracité de l'écrit avant de rédiger l'attestation de sept autres témoins (deuxième, troisième, quatrième, cinquième, septième, neuvième et dixième) ; et celle des sixième et huitième témoins.

Analyse

En 418/1027, le 12 d'un mois amputé qui semble ramaḍān, ʿAbd al-Raḥīm b. Barmūda achète à Faḍl b. Manṣūr la cour située devant sa maison pour trois quarts de dinar d'al-Muʿizz qui n'étaient probablement pas découpés, mais formés de trois pièces *rubāʿī*. Cet espace en plein-vent était bordé sur trois côtés (sud, nord et est) par la propre maison de l'acquéreur et sur le dernier (ouest) par l'étang. Dix témoins ont validé l'acte.

Texte

تو[كلـ]ـت على الله

١. بسم الله الرحمن الرحيم

٢. هذا ما اشترى عبد الرحيم بن برموده من فضل بن منصور وهما جميعا من سكان الضيعة المعروفة باقلول من قرى كورة الفيوم اشترا منه صفقة واحدة وعقد<ة> واحدة العرصة التي قدام منزل عبد الرحيم بن برموده

٣. بحدها وحدودها وما اشتملت عليه حدود الاربع الحد الاول وهو القبلي ينتهي الى منزل برموده بن جبيرة والحد الثاني وهو البحري ينتهي الى ركن منزل عبد الرحيم بن برموده والحد الثالث وهو الشرقي ينتهي الى

169. Al-Ḏahabī, *Muštabih,* I, p. 135 ; Ibn Nāṣir al-Dīn, *Tawḍīḥ,* II, p. 187-188 ; Ibn Ḥağar, *Tabṣīr,* I, p. 240.
170. Al-Ḏahabī, *Muštabih,* II, p. 466 ; Ibn Nāṣir al-Dīn, *Tawḍīḥ,* VI, p. 305-308 ; Ibn Ḥağar, *Tabṣīr,* III, p. 959-961.
171. Ibn Mākūlā, *Ikmāl,* II, p. 374-377 ; al-Ḏahabī, *Muštabih,* I, p. 210 ; Ibn Nāṣir al-Dīn, *Tawḍīḥ,* III, p. 70-74 ; Ibn Ḥağar, *Tabṣīr,* I, p. 400.
172. Ce document a été publié dans *BAU*, n° 16.

٤. منزل عبد الرحيم بن برموده ومنه يشرع بابه والحد الرابع وهو الغـــربي ينتهي الى البركة اشـــــترا ذلك كله بنصف وربع دينار معزي قبض فضل بن منصـ[ـور هـ]ـذا الثمن تاما وافيا وابراه من ذلك براة قبضا

٥. واســــــتيفا وتسلم عبد الرحيم بن برموده هذه العـــرصة يحكم فيها حكم الملاك في املاكهم ان شا باع وان شا وهب وان شا صدق كان مالا [من ماله فما] ادرك عبد الرحيم بن برموده من درك او علقة او تبيعة

٦. او طالب بدين او [مستـ]ـحق [لـ]ـميراث فخلاص ذلك ونفاذه على فضل بن منصور كاين ما كان وبالغ ما بلغ وذلك في صحة عـ[ـقو]لهما وابدانهما و[جو]ا[ز] امـ[ـورهمـ]ـا طايعين غير مـ[ـكرهين ولا] مجبر[ين و]لا مـ[ـضطهد]ين وذلك في شهر [رمضـ]ـا[ن سنة] ثمان عشر واربع ماية

٧. وذلك في الثاني عشر

Colonne gauche

١. [شهد عقيل بن فـ]ـضالة بن علي ا[لخطيب] باقلو[ل بجميع ما فيه]
[و]كـ[ـتـ]ـب بخطه في تاريخـــــــــــــــــــه

٢. شهد مفرج بن الحسين بجميع ما فيه
وكـ[ـتـ]ـب عنه بامره ومحضره في تاريخـــه

Colonne droite

٣. شهد خير بن الحســـين بجميع ما فيه
وكتب عنه بامره ومحضره في تاريخـه

٤. شهد مرزوق بن موسى بجميع ما فيه
وكتب عنه بامره ومحضره <في> تاريخه

٥. شهد ادريس بن رمضان بجميع ما فيه
وكتب عنه بامر<ه> و محضره

Deuxième colonne

٦. شهد رجا بن حسين بجميع
ما فـــــيه وكتب بخطه في تاريخه

٧. شهد ادهم بن اقـهـر بجميع ما فيه
وكتب عنه بامره ومحضره

Troisième colonne

٨. شهد وهب بن نهار بن علي بن حسنون بجميع [ما فيه]

وكتب بخـــطه في تاريخـــــه

٩. شهد وشاح بن عمر

بما في هذا الكتاب وكتب

عنـــه بامر<ه> ومحضـره

١٠. شهد جلس بن مرعش بجميع ما فيه

وكتب عنه بامره ومحضـــره

Notes de lecture

Ligne 4 : la lecture d'Abel *maġribī* doit être rectifiée en *muʿizzī*.

L. 6 : Abel : *bi-mīrāṯ* ; moi : [*li*]-*mīrāṯ*. Après *wa-ḏālika*, Abel a lu *bayʿ ṣaḥīḥ*, puis mis des points de suspension jusqu'à *ṯamāniya*. Le mois mutilé semble *ramaḍān*, comme le suggère la hampe de l'*alif* qui en subsiste.

L. 7 : Abel : *al-kitāb ṣaḥḥa*, alors que *fī al-ṯānī ʿašar* paraît évident.

Enfin Abel n'a que partiellement déchiffré les témoignages.

Traduction

Sur Dieu je m'appuie !

1. Au nom de Dieu, clément et miséricordieux !
2. Voici ce qu'a acheté ʿAbd al-Raḥīm b. Barmūda de Faḍl b. Manṣūr, qui comptent tous deux parmi les habitants du domaine connu sous le nom d'Uqlūl des villages du district du Fayyoum. Il lui a acheté en une seule opération et un seul acte la cour qui se trouve devant la demeure de ʿAbd al-Raḥīm b. Barmūda
3. avec sa délimitation, ses limites et ce qu'englobent quatre limites. La première, celle du sud, s'étend jusqu'à la demeure de Barmūda b. Ǧubayra ; la deuxième, celle du nord, jusqu'à l'angle de la demeure de ʿAbd al-Raḥīm b. Barmūda ; la troisième, celle de l'est, jusqu'à
4. la demeure de ʿAbd al-Raḥīm b. Barmūda là où s'ouvre sa porte ; et la quatrième, celle de l'ouest, jusqu'à l'étang. Il a acheté tout cela pour trois quarts de dinar d'al-Muʿizz. Faḍl b. Manṣ[ūr] a pris possession de ce prix entièrement et pleinement et il lui a donné quittance de cela, quittance accusant prise de possession

5. et réception. ʿAbd al-Raḥīm b. Barmūda a pris livraison de cette cour. Il en disposera comme les propriétaires disposent de leurs biens. S'il le veut, il vendra ; s'il le veut, il (en) fera don ; s'il le veut, il (en) fera aumône. C'est devenu un bien [parmi ses biens]. Pour ce qui atteindra ʿAbd al-Raḥīm b. Barmūda comme revendication, litige, poursuite,
6. créancier demandant le remboursement d'une dette ou héritier réclamant un héritage, son exécution et sa libération incombent à Faḍl b. Manṣūr, quels qu'en soient la nature et le montant. Cela dans la plénitude de leurs facultés mentales et physiques, leur capacité juridique et leur assentiment, sans violence, ni contrainte, ni oppression. Cela au mois de [ramadan l'année] quatre cent dix-huit,
7. et cela le douze.

Colonne gauche

1. [A témoigné ʿAqīl b. Fa]ḍāla b. ʿAlī [le prédicateur] d'Uqlū[l de la totalité du contenu (de l'écrit)].
   Il a écrit de son écriture à la date (de l'écrit).
2. A témoigné Mufarriǧ b. al-Ḥusayn de la totalité du contenu (de l'écrit).
   On a écrit pour lui sur son ordre et en sa présence à la date (de l'écrit).

Colonne droite

3. A témoigné Ḫayr b. al-Ḥusayn de la totalité du contenu (de l'écrit).
   On a écrit pour lui sur son ordre et en sa présence à la date (de l'écrit).
4. A témoigné Marzūq b. Mūsā de la totalité du contenu (de l'écrit).
   On a écrit pour lui sur son ordre et en sa présence <à> la date (de l'écrit).
5. A témoigné Idrīs b. Ramaḍān de la totalité du contenu (de l'écrit).
   On a écrit pour lui sur <son> ordre et en sa présence.

Deuxième colonne

6. A témoigné Raǧāʾ b. Ḥusayn de la totalité
   du contenu (de l'écrit). Il a écrit de son écriture à la date (de l'écrit).
7. A témoigné Adham b. Aqhar de la totalité du contenu (de l'écrit).
   On a écrit pour lui sur son ordre et en sa présence.

Troisième colonne

8. A témoigné Wahb b. Nahār b. ʿAlī b. Ḥasnūn de la totalité [du contenu de (l'écrit)].
   Il a écrit de son écriture à la date (de l'écrit).
9. A témoigné Wišāḥ b. ʿUmar
   du contenu de cet écrit. On a écrit
   pour lui, sur <son> ordre et en sa présence.
10. A témoigné Ǧils b. Marʿaš de la totalité du contenu (de l'écrit).
    On a écrit pour lui sur son ordre et en sa présence.

Commentaire

Témoignage 6 : Raǧā' b. Ḥusayn devait également servir de témoin dans un contrat de mariage en 444/1052 (nº VI).

Tém. 8 : le nom courant de Nahār peut parfois se lire Bahār[173]. On retrouve ce témoin dans l'acte de vente de deux feddans à Difunnū en 417/1026[174].

Tém. 9 : Wišāḥ peut être également lu Wassāǧ, Wušāḥ et Waššāḥ[175].

Tém. 10 : le nom Ǧils peut aussi se lire Ḥils[176].

V. REMISE D'UNE MAISON

P. BEROL. INV. 8171 (Pl. V)[177]

Parchemin. 27 × 21 cm. L'acte comporte six lignes amputées de leur fin qui devait s'étendre sur une dizaine de centimètres. Encre noire, légèrement pâlie par endroits. Le notaire semble avoir rédigé les quatre attestations, d'abord la sienne qui figurait à gauche, dont ne subsistent que les premières lettres, puis celle des trois autres témoins.

Analyse

À une date perdue, les cinq enfants de ʿAbd al-Raḥīm b. Barmūda remettent à leur mère, Daysamā, la maison reçue par succession de leur père. Elle pourra exercer son droit de propriété comme bon lui semble : l'habiter ou la donner en location, comme la vendre, la constituer en *waqf* ou en faire aumône. Cette formalité de la mise en possession devait découler d'une donation dont la remise est une condition essentielle à sa perfection[178], même si l'acte n'utilise pas le terme de *hiba* ou *ṣadaqa*. En somme, les enfants abandonnent la maison à leur mère qui en devient l'usufruitière. Toutefois, elle n'en aura la jouissance que pour la durée de sa vie. Autrement dit, la demeure reviendra aux donateurs au décès de la donataire. Mais comme elle devait déjà se trouver entre ses mains, il n'était pas nécessaire de procéder à une nouvelle remise ; en clair, lui remettre la clef qu'elle détient. L'écrit lui garantit donc la paix jusqu'à la fin de ses jours : aucun de ses enfants ne pourra la chasser de la maison pour l'habiter, la vendre ou la mettre en location. Quatre témoins ont apposé leur attestation au bas de l'acte de transfert de propriété à titre gratuit.

173. Al-Ḏahabī, *Muštabih,* II, p. 649 ; Ibn Nāṣir al-Dīn, *Tawḍīḥ,* IX, p. 127 ; Ibn Ḥaǧar, *Tabṣīr,* IV, p. 1428.
174. *Papyrologische Studien*, p. 64, nº XIX, l. 16.
175. Al-Ḏahabī, *Muštabih,* II, p. 661 ; Ibn Nāṣir al-Dīn, *Tawḍīḥ,* IX, p. 187-189 ; Ibn Ḥaǧar, *Tabṣīr,* IV, p. 1471-1472.
176. Ibn Mākūlā, *Ikmāl,* II, p. 496 ; Ibn Ḥaǧar, *Tabṣīr,* II, p. 450.
177. Acte publié dans *BAU*, nº 17.
178. Linant de Bellefonds, 1935, p. 154-155.

Texte

١. بســــم الله الرحمن الرحيم

٢. اقر زكــري ومشول وعبد الرزاق وديـانـة وفاطمة اولاد عبد الرحيم بن برموده واشــهدوا على انفسهم في صحة عقولهم وابدانهم [وجواز امورهم]

٣. انهم سلموا الى امهم ديســـا ابنت محـــمود المنزل الذي ورثوه عن ابيهم عبد الرحيم بن برموده في الجانب البحري من الضيعة المعروفة [باقلول من قرى كورة الفيوم]

٤. بحده وحدوده ومدخله ومخرجه وســفله وعلوه وكل حق هو لها داخل فيه وخارج منه وما اشتملت عليه حدود اربع حده الاول [القبلي ينتهي الى .... وحده الثاني البحري ينتهي الى ....]

٥. وحده الثالث الغربي ينتهي الى مجازه ومنه يشرع بابه وحده الرابع الشرقي ينتهي الى منزل حروفة بن برموده سـ[ـلموا ذلك الى امهم ديسا ابنت محمود]

٦. تحكم فيه حكم الملاك في املاكهم ان شات باعت وان شات وهبت وان شات صدقت وبذلك اشهدوا على انفسهم في [............... سنة .... و...... واربعماية]

Colonne gauche

١. اشهـ[ـد.....................] والـ...[.........................]

Première colonne droite

٢. شـــهد علي بن احمد بما فيه وكتب عنه بامره ومحضره

Deuxième colonne

٣. شـــهد حديج بن احمد بما فيه وكتب عنه بامره ومحضره في تاريخـــه

Troisième colonne

٤. شهد ابـ[ـو] الـ[ـحسـ]ـن بن برموده على اقرارهم بذلك وكتب عنه بامره ومحضره في تاريخـــــه

Notes de lecture

Ligne 2 : On peut lire Miswal ou Mašūl. Je n'ai retrouvé aucune attestation des deux noms. Abel n'a pas mis de points diacritiques sur le nom de Diyāna.

L. 6 : la lecture d'Abel : *taḥakkamat* est impossible, autant que le temps du verbe. Aussi faut-il lire *taḥkumu* et préférer l'inaccompli à l'accompli.

Témoignages 2, 3 et 4 : Abel a lu *bi-ḥaḍrihi* au lieu de *bi-maḥḍarihi*.

Traduction

1. Au nom de Dieu, clément et miséricordieux !
2. Zikrī, Mišwal, ʿAbd al-Razzāq, Diyāna et Fāṭima, les enfants de ʿAbd al-Raḥīm b. Barmūda, ont reconnu et pris à témoin (des témoins) dans la plénitude de leurs facultés mentales et physiques, [leur capacité juridique],
3. qu'ils ont remis à leur mère, Daysamā ibnat Maḥmūd, la demeure qu'ils ont héritée de leur père, ʿAbd al-Raḥīm b. Barmūda, dans le côté nord du domaine connu sous le nom [d'Uqlūl, l'un des villages du district d'Uqlūl],
4. avec sa délimitation et ses limites, son entrée et sa sortie, son bas et son haut, toutes ses appartenances de dedans et de dehors et ce qu'englobent quatre limites. La première, [celle du sud, s'étend jusqu'à… ; la deuxième, celle du nord, jusqu'à…] ;
5. la troisième, celle de l'ouest jusqu'à son accès là où s'ouvre sa porte ; la quatrième, celle de l'est, jusqu'à la maison de Ḥarūfa b. Barmūda. [Ils ont remis cela à leur mère Daysamā ibnat Maḥmūd].
6. Elle en disposera comme les propriétaires disposent de leurs biens. Si elle le veut, elle vendra ; si elle le veut, elle (en) fera don ; si elle le veut, elle (en) fera aumône. De cela, ils ont pris à témoin (des témoins) le [… l'année quatre cent…].

Colonne gauche

1. Je témoigne…

   …

Première colonne droite

2. A témoigné ʿAlī b. Aḥmad de la totalité du contenu de (l'écrit). On a écrit pour lui sur son ordre et en sa présence.

Deuxième colonne

3. A témoigné Ḥudayǧ b. Aḥmad du contenu de (l'écrit). On a écrit pour lui sur son ordre et en sa présence à la date (de l'écrit).

Troisième colonne

4. A témoigné Ab[ū] l-[Ḥasa]n b. Barmūda de leur reconnaissance de cela. On a écrit pour lui sur son ordre et en sa présence à la date de (l'écrit).

Commentaire

Témoignage 3 : le nom du témoin peut être lu Ḥudayǧ ou Ḫadīǧ[179].

179. Ibn Mākūlā, *Ikmāl,* II, p. 395-400 ; al-Ḏahabī, *Muštabih,* I, p. 221-222 ; Ibn Nāṣir al-Dīn, *Tawḍīḥ,* III, p. 148-150 ; Ibn Ḥaǧar, *Tabṣīr,* I, p. 418-420.

Pl. I. P. LOND. OR. 4684 (1).

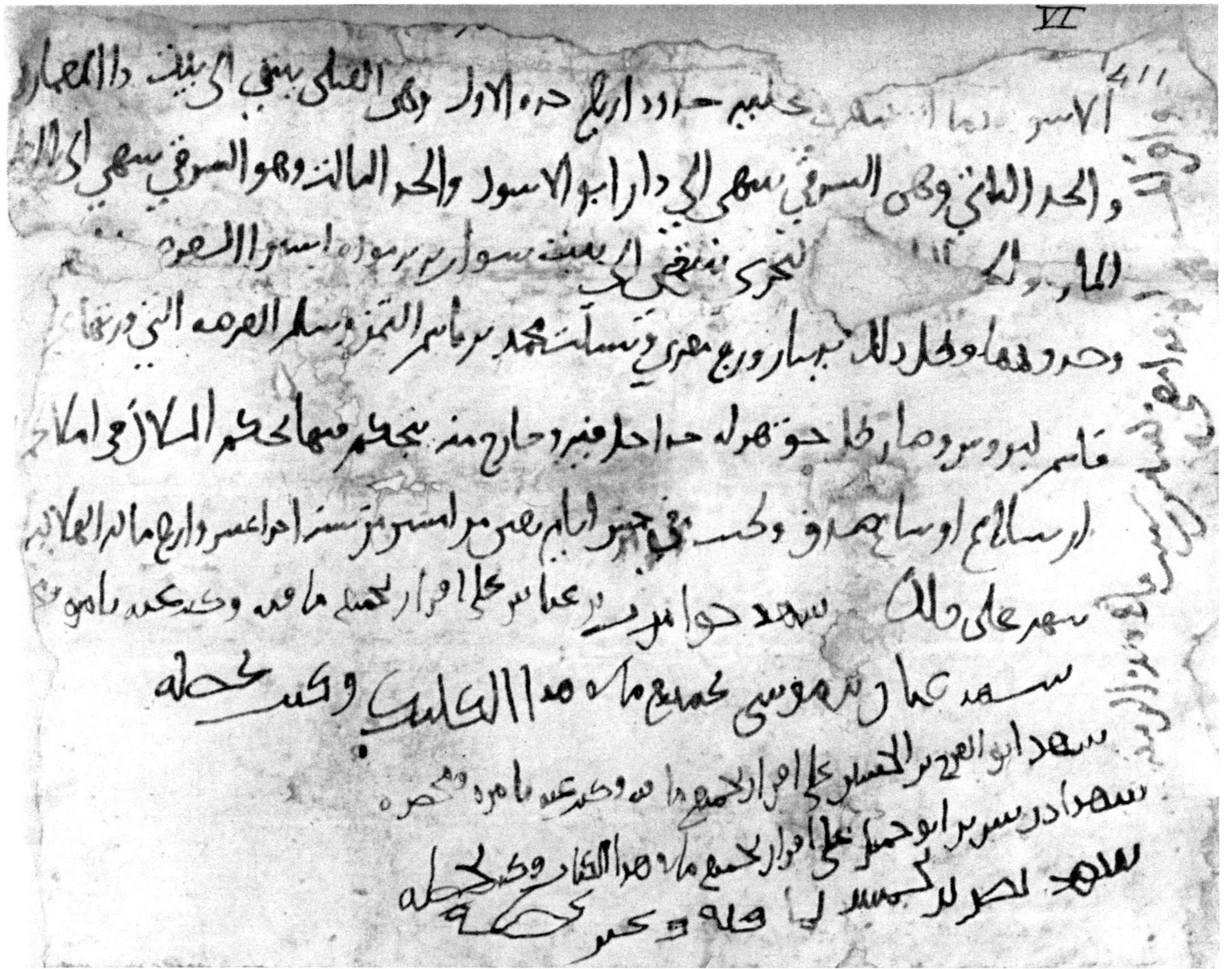

Pl. II. P. LOND. OR. 4684 (2).

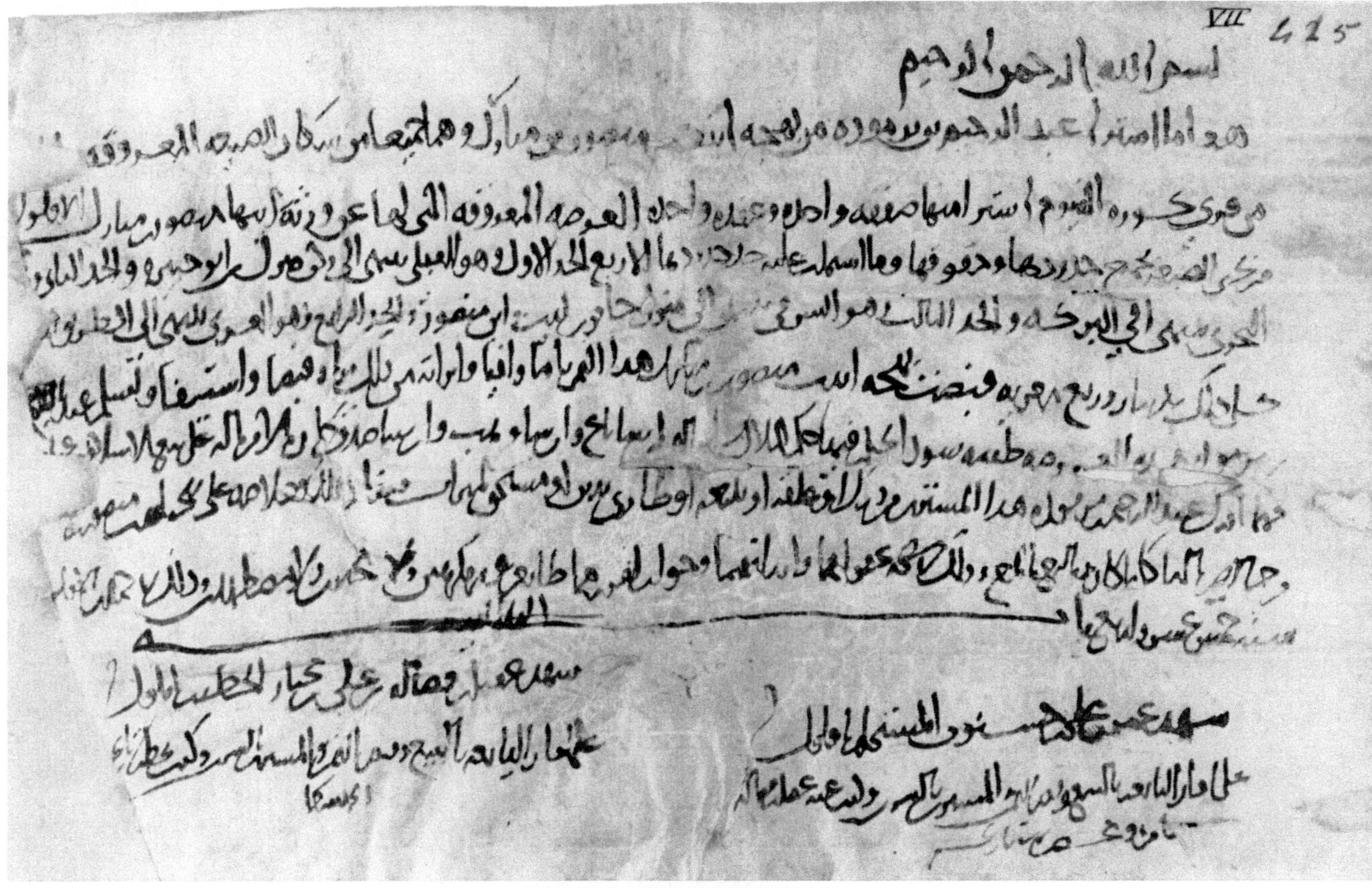

Pl. III. P. LOND. OR. 4684 (5).

Pl. IV. P. BEROL. INV. 8170.

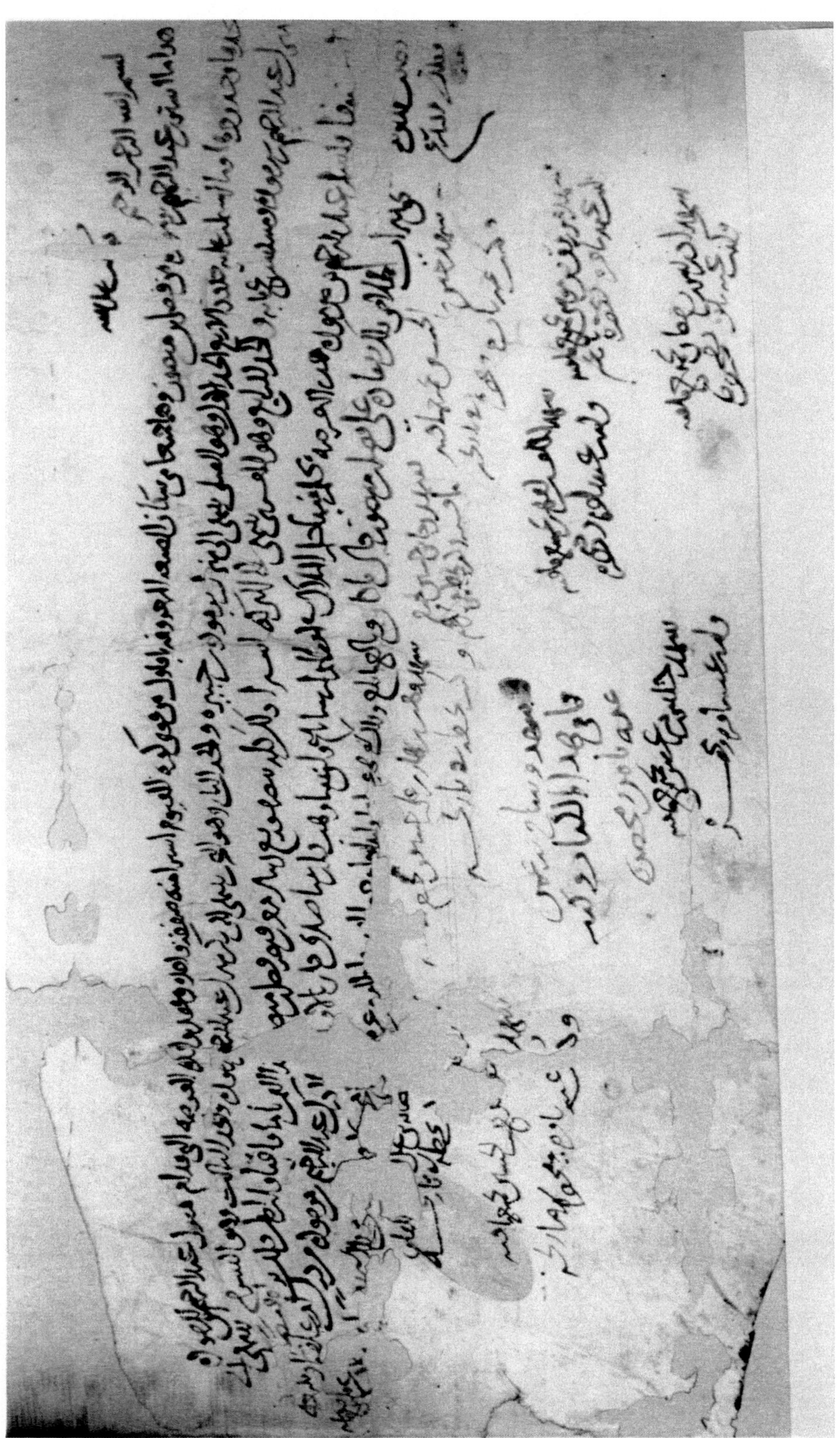

Pl. V. P. BEROL. INV. 8171.

B. Mariages

DES TROIS contrats suivants, le premier fut dressé en 444/1052, le second en 452/1060 et sa dissolution en 454/1062, le troisième en 461/1069. Ils nous révèlent le montant des dots versés en ce temps dans le village, spécialement le dernier qui fut conclu dans une période où sévissait une longue famine : il a le mérite de jeter une clarté nouvelle sur ces sombres années où un émir bédouin qui comptait parmi les gardiens d'Uqlūl pouvait offrir à son épouse 800 dinars (dont la moitié avant consommation) et celle-ci exiger, en outre, malgré la crise, plusieurs dons somptueux, comme une tente en soie et un bassin en or.

VI. CONTRAT DE MARIAGE (444/1052)[1]

P. LOND. OR. 4684 (17)[2] (Pl. VI)

Vélin plié en quatre. 62 × 65 cm. L'acte proprement dit, écrit côté chair, comporte douze lignes. Neuf témoins ont apposé leur témoignage au bas de la page : les deux premiers à gauche, cinq à droite et deux au milieu. Mais seuls les trois premiers l'ont rédigé de leur main ; les six autres en ont laissé la rédaction au deuxième et au troisième : l'un a probablement tracé les deux attestations du milieu (8-9), l'autre les quatre placées sous la sienne (4-7). Encre noire, légèrement pâlie par endroits.

1. Après le classement de l'ensemble dans l'ordre chronologique, ce vélin est passé du n° I au n° 17.
2. Publié dans *Papyrologische Studien*, p. 7-13.

Analyse

Le dernier jour de raǧab 444/25 novembre 1052, Mulūk b. Surūr b. Kaysān épouse Fāṭima, la fille de ʿAbd al-Raḥīm b. Barmūda. Le mari ne devait pas résider dans le village, sinon le notaire aurait écrit que les conjoints « comptent tous deux parmi les habitants du domaine connu sous le nom d'Uqlūl » *(wa-humā ǧamīʿan min sukkān al-ḍayʿa al-maʿrūfa bi-Uqlūl)* au lieu d'utiliser l'expression qu'« ils se sont tous réunis dans le domaine » *(iǧtamaʿū ǧamīʿan bi-l-ḍayʿa…)*. L'usage du passé atteste que le contrat a été rédigé après la nuit nuptiale.

Le montant de la dot que l'acte appelle tour à tour *ṣadāq* (l. 2) et *mahr* (l. 10)[3] s'élève à vingt dinars. Bien qu'elle ait permis à Mulūk d'épouser Fāṭima et de prendre possession de sa virginité, la dot n'a pas été intégralement versée avant consommation et forcément avant la rédaction du contrat : suivant l'usage de la place *(ʿurf)* qui a longtemps régné en Égypte, seule une partie, la moitié, soit dix, a été réglée comptant[4]. L'épouse l'a intégralement touchée : une fraction pouvait, en effet, rester entre les mains du mari qui la mettait à la disposition de sa femme et promettait de la lui donner quand elle voulait (*matā aḥabbat*)[5]. Cette avance désignée dans l'acte sous les termes de *muʿaǧǧal* et de *ʿāǧil* (l. 10) pouvait recevoir trois autres dénominations : *ḥāl*[6], *maqbūḍ*[7] et *naqd*[8]. Le paiement par moitiés, qui prédominait en Égypte, comme le révèlent nombre de contrats[9], persiste encore dans le pays[10]. Toutefois, l'époux ne versait parfois qu'une portion moindre avant d'entrer en possession de ses droits : le cinquième[11], le tiers[12] ou un peu moins[13],

3. Les sept autres synonymes (*ṣadaqa, niḥla, farīḍa, aǧr, ʿulqa* ou *ʿalāʾiq, ʿuqr* et *ḥibāʾ*) énumérés par Ibn Qudāma, *Muġnī*, VIII, p. 3, et al-Asyūṭī, *Ǧawāhir al-ʿuqūd*, II, p. 41-42, ne semblent guère usités dans la rédaction des contrats de mariage en Égypte.

4. Rapoport, 2000, p. 5-16. Cette division de la dot en deux portions était également pratiquée par les juifs, Goitein, 1967-1993, vol. 3, p. 122 ; Friedman, 1980, I, p. 283 ; Rapoport, 2000, p. 10, 11 ; 2005, p. 53 ; et les coptes, Abbott, « Arabic Marriage », p. 61.

5. Des 666 2/3 stipulés dans le contrat avant consommation, la femme n'a touché que 300, Grohmann, « Einige arabische Ostraka », p. 501. Sur cette clause, cf. Rapoport, 2005, p. 57-58.

6. *APEL*, I, p. 67, n° 38, p. 86, no 41, l. 5 ; II, p. 221, n° 141, l. 12, p. 216, n° 140, l. 9 ; Ibn Qudāma, *Muġnī*, VII, p. 80 ; Muḫliṣ, « ʿAqdā nikāḥ », p. 421, 422, 425 ; Grohmann, « Einige arabische Ostraka », p. 501 ; Levi della Vida, *Arabic Papyri*, p. 47, n° 27 ; Māhir, « ʿUqūd », p. 40, 45, 51. Le terme devait changer de sens au fil du temps, probablement en 676/1278, suivant Rapoport, 2005, p. 56. Il ne désigne plus l'acompte, mais son contraire, l'arriéré, comme l'attestent deux contrats de mariage publiés par Guellil, *Damaszener Akten*, p. 170, 171.

7. Al-Asyūṭī, *Ǧawāhir al-ʿuqūd*, II, p. 62.

8. *APEL*, I, p. 67, n° 38, 86, n° 41, l. 5 ; Ibn al-ʿAṭṭār, *Waṯāʾiq*, p. 7, 11, 14 ; Ibn Muġīṯ, *Muqniʿ*, p. 21, 24, 39, 48, 53, 55, 61, 64, 67, 83, 86 ; al-Ǧazīrī, *Al-Maqṣad al-maḥmūd*, p. 12, 13, 53, 57 ; Hoenerbach, *Spanisch-islamische Urkunden*, p. 5, 8, 22, 25, 185, 190.

9. Grohmann, « Arabische Papyri », n°s 9, 11 ; *APEL*, I, n°s 38, 40, 41, 44 ; Levi della Vida, *Arabic Papyri*, p. 47, n° 27.

10. Linant de Bellefonds, 1965-1973, II, p. 218.

11. Cent sur cinq cents, Muḫliṣ, « ʿAqdā nikāḥ », p. 421 ; Māhir, « ʿUqūd », p. 40-41, 45.

12. Deux sur six, Rāġib, *Marchands d'étoffes*, I, p. 33-35, n° XI.

13. Dix sur trente-cinq, Dietrich, « Eine arabische Eheurkunde », p. 126.

voire le quart seulement[14]. À l'inverse, les plus généreux pouvaient légèrement dépasser la moitié de la somme[15], régler les deux tiers[16] et même exceptionnellement l'intégralité de la dot[17]. Quant à la seconde moitié, que l'écrit appelle indifféremment *mu'aǧǧal* et *āǧil* (l. 10) mais qui était parfois désignée sous deux autres noms : *mu'aḫḫar*[18] et *kāli'*[19], elle ne sera réglée qu'après cinq années révolues à courir du jour du mariage. Cette date non précisée (elle l'était, en effet, rarement dans l'écrit)[20] commence fin raǧab 450/24 août 1058. Ces délais de paiement de l'arriéré de la dot variaient considérablement. Ainsi pouvaient-ils être courts aussi bien que longs : dès le jour du contrat[21], après cinq nuits[22] ou un an[23], comme au bout de cinq[24], huit[25] ou dix ans[26]. Mulūk sera tenu de s'en libérer en une seule fois ; en clair, il ne pourra l'étaler sur des lustres[27]. Toutefois, le règlement devait être anticipé si l'union était dissoute par mort, répudiation ou divorce.

L'acte évoque ensuite les obligations qui pèsent sur le mari ; elles sont introduites par la formule *ʿalayhi* : piété par égard pour sa femme, qui doit être chez lui dans la sauvegarde de Dieu (l. 4). Puis le contrat énumère les droits et devoirs réciproques des époux dans le mariage (l. 5) : bons rapports, affection, concorde et assistance mutuelle de leur avoir (malgré la séparation des biens, le seul régime matrimonial du droit musulman). L'acte spécifie ensuite que la femme est tenue de garder ce qu'elle doit garder en l'absence du mari (sa vertu et les biens de ce dernier) (l. 6). Quant à l'époux, il est obligé de reprendre sa femme d'une manière reconnue (convenable) ou de lui donner la liberté de bonne grâce suivant un précepte coranique (II, 229). En clair, la répudiation avec faculté de retour immédiat ou la séparation dans des conditions courtoises. Ce dernier droit est identique pour le mari, dont l'écrit souligne la prééminence, source de véritables pouvoirs. Elle découle de la supériorité de l'homme proclamée par maints versets coraniques[28], dont un seul (II, 228) est repris.

14. Un dinar sur quatre, *APEL,* I, nº 45 ; cinquante sur deux cents, Muḫliṣ, « ʿAqdā nikāḥ », p. 425 ; Māhir, « ʿUqūd », p. 51 ; Rapoport, 2005, p. 56.
15. Comme 666 2/3 sur 1300 2/3, Grohmann, « Einige arabische Ostraka », p. 501 nº 1.
16. Dix sur quinze, Grohmann, « Arabische Papyri », nº 13.
17. Dans un seul acte, Māhir, « ʿUqūd », p. 42.
18. *APEL,* I, p. 68, nº 38, l. 16.
19. Ce terme ne semble avoir été couramment utilisé que dans al-Andalus, Ibn al-ʿAṭṭār, *Waṯāʾiq*, p. 7, 11, 14 ; Ibn Muġīṯ, *Muqniʿ*, p. 21, 24, 36, 37, 51, 52, 53, 59, 61, 64-71, 84, 86, 99 ; al-Ǧazīrī, *al-Maqṣad al-maḥmūd*, p. 13, 20, 32, 47, 53, 56, 57, 306, 336, 337, 338 ; Hoenerbach, *Spanisch-islamische Urkunden*, p. 5, 8, 22, 25, 185, 190.
20. Comme dans Grohmann, « Arabische Papyri », nº 9.
21. Dietrich, « Eine arabische Eheurkunde », p. 126.
22. *APEL,* I, nº 45.
23. Grohmann, « Arabische Papyri », nºs 12, 13 ; *APEL,* I, nº 44 ; Māhir, « ʿUqūd », p. 51.
24. *APEL,* I, nºs 38, 40 et 41 ; Rapoport, 2000, p. 9, 14 ; 2005, p. 53.
25. *APEL,* I, nº 42 ; Rapoport, 2000, p. 9 ; 2005, p. 53.
26. Grohmann, « Arabische Papyri », nº 9 ; Māhir, « ʿUqūd », p. 45 ; Rapoport, 2005, p. 56.
27. Rapoport, 2005, p. 53. La dette s'échelonnait sur douze ans et six mois, Dietrich, « Eine arabische Eheurkunde », p. 126 ; ou sur quinze ans, Māhir, « ʿUqūd », p. 51.
28. Linant de Bellefonds, 1965-1973, vol. 2, p. 287.

Le tuteur matrimonial (*walī*) est ensuite nommé : il s'agit du frère de Fāṭima, Zikrī. Comme la femme, suivant le droit musulman, ne peut conclure par elle-même son propre mariage ni donner verbalement son consentement en personne, elle doit recourir à l'intermédiaire de ce mandataire mâle, dont la fonction était tellement ancrée dans l'usage que même les coptes l'avaient adoptée[29]. Il devait être, de préférence, le plus proche parent mâle de l'épouse (*ʿāṣib*), suivant un ordre hiérarchique qui varie légèrement suivant les écoles juridiques[30]. Si Fāṭima avait conféré la charge de la marier à son frère plutôt qu'à son père, auquel ce pouvoir était naturellement dévolu, c'est probablement que ce dernier était alors décédé.

Deux témoins désignés par l'épouse étaient présents au moment de l'échange des consentements formulés durant la séance contractuelle ou, du moins, à l'instant où elle fut conduite au domicile de son mari, si le mariage fut conclu suivant l'école malékite : Sanad b. Maḥmūd et Abū al-Ḥasan b. Barmūda, qui pourrait être son frère, bien que l'écrit ne le précise pas. Comme l'exige le droit musulman, ces deux témoins, dont la présence est une condition indispensable de la validité du mariage, devaient être non seulement pubères, sains d'esprit, musulmans et de sexe masculin, mais ne pas être frappés de surdité[31] : sinon, comme ils ne pouvaient entendre l'acceptation de l'union par l'épouse lors de la conclusion du contrat, l'acte serait entaché de nullité. Mais le notaire s'est borné à mentionner qu'ils sont de condition libre, les esclaves n'étant admis dans ce rôle que par les disciples de Mālik et d'Ibn Ḥanbal[32]. Neuf témoins ont attesté la véracité du contrat. Après rédaction, suivant un usage immémorial, le parchemin a dû être remis à l'épouse, qui l'a gardé, si elle ne l'avait confié à son frère pour des raisons de sécurité[33].

Enfin, certains passages suggèrent que l'écrit comportait des vides d'attente laissés par le notaire qui se sont révélés trop étroits pour accueillir les mots qui devaient y être insérés. Aussi fut-il contraint d'en réduire les caractères : ainsi à la ligne 3, *ʿišrūna dīnāran* et *ʿašarat danānīr* ; puis aux lignes 7 et 8, le nom du tuteur matrimonial qu'il a même renoncé à glisser à la ligne 9, pour le remplacer par le pronom affixe *-hi*. Ces précisions furent sans doute communiquées au notaire après la rédaction, à moins que des modèles de contrats de mariage n'aient été préparés d'avance dans le village d'Uqlūl. Dans les blancs, on ajoutait le nom des époux, le montant de la dot, le nom du tuteur et celui des deux témoins.

29. Abbott, « Arabic Marriage », p. 62-67 ; *Chrestomathie*, p. 26, nº 10.

30. Pesle, 1936, p. 118-123 ; Bousquet, 1951, p. 92-93 ; Milliot, 1953, p. 308 ; Linant de Bellefonds, 1965-1973, vol. 2, p. 4 ; Schacht, « Nikāḥ », p. 27.

31. Bousquet, 1951, p. 52-53 ; Linant de Bellefonds, 1965-1973, vol. 2, p. 101-103.

32. Linant de Bellefonds, 1965-1973, vol. 2, p. 102.

33. Les femmes avaient également coutume de le faire dans la communauté juive, Goitein, 1967-1993, vol. 3, p. 113-114.

Texte

١. بســــــم الله الرحمن الرحيم وما توفيقي الا بالله عليه توكلت وهو رب العرش العظيم

٢. هذا ما اصدق ملوك بن سرور بن كيسان زوجته فاطمة ابنت عبد الرحيم بن برموده اجتمعوا جميعا بالضيعة المعروفة باقلول من بعض قرى كورة الفيوم اصدقها صداقا تزوجها به وملك

٣. عــصمتها وهو من العين المستنصري عشرون دينارا مما تتعامل به مصر واعمالها فالذي وجب به النكاح وثبت به العــقدة قبل دخوله بها واصابته اياها عشرة دنانير واخرت عليه عشرة دنانير

٤. الى انقضى خمس سنين متــواليات اولهن ســلخ رجب ســنة اربع واربعين واربع ماية وعليه ان يتقي الله العظيم فيها وتكون عنده في امانة الله وعلى ما مضى من ســنة رسول الله صلى الله عليه وسلم

٥. في المتناكحين وحســن الصحبة بعضهما لبعض وجمع الالفة وصلاح ذات البين والمواسات في ذات اليد والحفظ للغيبة وعلى شروط ا[للـ]ـه التي شرط في كتابه للزوجات

٦. على ازواجهن من امساك بمعروف او تســريح باحسان وله عليها مثل الذي لها عليه من ذلك ودرجة زايدة لقول الله تبارك وتعالى وللرجال عليهن درجة والله عزيز حكيم

٧. وولي تزويجها اياه يوميذ اخيها زكري بن عبد الرحيم بامرها واذنها ورضاها وتوكيلها اياه وذلك بعد ان اشهدت له على نفســها شــاهدين حرين احدهما ســند بن محمود والاخر ابو الحسن بن بــرموده

٨. وهما يعرفانها بعينها واسمها ونسبها وحسبها وهي ذات يوميذ بنت بكر بالغ صحيحة البدن كاملة العقل جايزة الامر لها وعلــيها فازوجها زكري بن عبد الرحيم من ملوك بن سرور بن كيسان

٩. وقبل منه النكاح فرضيه والزمه نفســه بعد مخــاطبة منه اياه على جميع ذلك شــــهد على اقرار ملوك بن سرور بن كيسان بقبوله هذا النكاح وعلى اقرار{ه} <زكري بن عبد الرحيم> بتزويجها اياه

١٠. بما بذل لها من المهر المعجل والموجل المنسوب في صدر هذا الصداق عاجله واجله وذلك بعد ان قري عليهما جميعا جميع ما فيه من اوله الى اخره حرفا حرفا

١١. فعرفاه وفهماه واقرا بفهمهما ومعرفتهما وذلك في صحة عقولهما وابدانهما وجواز امورهما طايعين راغبين غير مكرهين ولا مجبرين ولا مضطهدين طيبة بذلك انفسهما وكتب

١٢. في ســلخ رجب ســنة اربع واربعين واربع مايــــة شــــهد الله وملايكته وكفا بالله شــهيدا والحمد لله وحده وصلواته على محمد نبي الله واله وحسبنا الله ونعم الوكيل

Colonne gauche

١. شهد رجا بن حسين الخطيب باقلول على اقرار الولي والزوج
وشهادة الشـاهدين بجميع ما فيه وكتب بيده في تاريخـه

٢. شهد الحسـين بن المكنا بابي القسم
على اقرار الولي والزوج والشهادين
وكتب بخطه في تاريخـه

Colonne droite

٣. شهد محمد بن رجا بن حسين بما فيه وكتب بخطه في تاريخه

٤. شهد تراب بن حسن بما فيه وكتب عنه بامره ومحضره

٥. شهد ابو الخير بن قشاش بما فيه وكتب عنه بامره ومحضره

٦. شهد ادهم بن برموده بما فيه وكتب عنه بامره ومحضره

٧. شهد وهب بن فارس بما فيه وكتب عنه بامره ومحضره

Colonne du milieu

٨. شهد جموك بن ... بما فيه وكتب عنه
بامره ومحضره

٩. شهد عمر بن ابو العرب بما فيه
وكتب عنه بامره ومحضره

Notes de lecture

Ligne 3 : Grohmann : *bi-llaḏī* ; moi : *fa-llaḏī.*

L. 5 : Grohmann a lu *al-mu'ānasāt* ; moi : *al-muwāsāt.*

L. 6 : Grohmann : *ka-qawl* ; moi : *li-qawl.*

L. 7 : Grohmann : *a<ḫū>hā*, alors qu'*aḫīhā* est clairement écrit. Puis il a lu Sayyid, auquel je préfère Sanad : comme Ibn Mākūlā[34] qui mourut en 475/1082, soit trente et un ans après

34. Ibn Mākūlā, *Ikmāl*, IV, p. 257-260.

ce contrat, ne le signale pas, le prénom Sayyid devait être alors rarissime ; en outre, il était obligatoirement précédé de l'article *al-*[35].

L. 8 : la lecture de Grohmann : *wa-humā taʿarrafā bihā* est impossible ; il faut lire : *yaʿrifānihā.*

L. 9 : le notaire n'a pu insérer le nom du tuteur dans le blanc d'attente après *iqrārihi.* Aussi l'a-t-il remplacé par le pronom personnel affixe *-hi*. Par souci de clarté, je l'ai rétabli.

L. 12 : l'expression *nabī Allāh wa-ālihi* n'a pas été lue par Grohmann.

Témoignage 2 : *al-šihādayn = al-šāhidayn*. La métathèse a échappé à Grohmann.

Tém. 5 : le nom du père du témoin, Qaššāš, a été écrit en surcharge sur Ṭāriq.

Tém. 6 : on peut lire Abhar, comme Grohmann, aussi bien qu'Adham, comme moi.

Tém. 8 : Grohmann a lu Ǧamūl. Je préfère Ǧamūk, la dernière lettre est plus proche du *kāf* que du *lām*[36]. Puis il a lu le nom de son père Lifāf qui ne correspond pas à la graphie. Mais je n'ai pas de suggestion à proposer.

Traduction

1. Au nom de Dieu, clément et miséricordieux ! Mon assistance n'est qu'en Dieu ! Sur Lui je m'appuie. Il est le Seigneur du Trône immense.
2. Voici la dot donnée par Mulūk b. Surūr b. Kaysān à son épouse Fāṭima ibnat ʿAbd al-Raḥīm b. Barmūda, qui sont tous réunis dans le domaine connu sous le nom d'Uqlūl, l'un des villages du district du Fayyoum. Il lui a donné une dot par laquelle il l'a épousée et pris possession
3. de sa virginité. Elle est en espèces d'al-Mustanṣir de vingt dinars, de ceux qui servent de monnaie courante en Égypte et ses provinces. Le montant exigé pour le mariage et enregistré dans le contrat avant que (Mulūk) ne consomme le mariage et ne possède (Fāṭima) est de dix dinars. Elle lui a différé (le paiement) de dix dinars
4. jusqu'à expiration de cinq années successives, dont la première commence fin raǧab de l'année quatre cent quarante-quatre. Il faut qu'il soit pieux envers Dieu très grand pour elle, qu'elle soit chez lui dans la sauvegarde de Dieu et qu'ils suivent l'exemple de la Tradition de l'Apôtre de Dieu – que Dieu lui accorde bénédictions et salut ! –
5. relative aux époux. (Ils doivent) entretenir de bons rapports, une union d'affection, établir la concorde entre eux et se prêter une assistance mutuelle de leur avoir. (La femme) doit, en outre, garder (ce qu'elle est tenue de garder) en l'absence (de son mari) et se conformer aux clauses de [Dieu] stipulées dans Son livre aux épouses

35. Ibn Mākūlā, *Ikmāl,* IV, p. 258-260 ; al-Ḏahabī, *Muštabih,* I, p. 383 ; Ibn Nāṣir al-Dīn, *Tawḍīḥ,* V, p. 250-253 ; Ibn Ḥaǧar, *Tabṣīr,* II, p. 707-708.

36. Ibn Mākūlā, *Ikmāl,* II, p. 131-133 ; al-Ḏahabī, *Muštabih,* I, p. 178 ; Ibn Nāṣir al-Dīn, *Tawḍīḥ,* II, p. 452 ; Ibn Ḥaǧar, *Tabṣīr,* I, p. 266-267.

6. sur leurs époux : les reprendre d'une manière reconnue (convenable) ou leur donner la liberté de bonne grâce. (Mulūk) a des droits sur (Fāṭima) semblables aux droits qu'elle a sur lui de cela et une prééminence supplémentaire en raison de la parole de Dieu – qu'Il soit béni et exalté ! : « Les hommes ont sur elles une prééminence. Dieu est puissant et sage. »
7. Le tuteur du mariage de (Fāṭima à Mulūk) en ce jour est le frère (de Fāṭima), Zikrī b. ʿAbd al-Raḥīm sur son ordre, son autorisation, son agrément et le mandat qu'elle lui a donné ; et cela, après qu'elle eut pris pour lui à témoin deux témoins de condition libre : l'un est Sanad b. Maḥmūd, l'autre Abū al-Ḥasan b. Barmūda.
8. Ils la connaissent de visage, de nom, de lignée et de condition. Elle est en ce jour une fille vierge, pubère, saine de corps, jouissant pleinement de ses facultés mentales et juridiquement capable de recevoir et de disposer. Zikrī b. ʿAbd al-Raḥīm l'a mariée à Mulūk b. Surūr b. Kaysān
9. qui a accepté de lui le mariage, l'a agréé et se l'est imposé après avoir entretenu (Zikrī) de la totalité de cela. On a témoigné de la reconnaissance par Mulūk b. Surūr b. Kaysān de son acceptation de ce mariage et de la reconnaissance par <Zikrī b. ʿAbd al-Raḥīm> d'avoir marié (Fāṭima à Mulūk)
10. avec la dot offerte au comptant et à terme déterminée au début de ce (contrat de) mariage, la partie payée au comptant et la partie payable à terme. Cela après avoir donné lecture à tous deux de la totalité du contenu (de l'écrit), du commencement à la fin, mot à mot.
11. Ils en ont pris connaissance, l'ont compris et ont reconnu l'avoir compris et en avoir pris connaissance. Cela dans la plénitude de leurs facultés mentales et physiques, leur capacité juridique, leur assentiment et leur satisfaction, sans violence, ni contrainte, ni oppression et de leur plein gré en cela. Écrit
12. à la fin de raǧab l'année quatre cent quarante-quatre. Ont attesté Dieu et Ses Anges. Combien Dieu suffit comme témoin ! Louange à Dieu seul ! Que Ses bénédictions soient sur Muḥammad le Prophète de Dieu et sur sa famille ! Dieu nous suffit ! Quel excellent protecteur !

Colonne gauche

1. A témoigné Raǧāʾ b. Ḥusayn le prédicateur d'Uqlūl de la reconnaissance par le tuteur et l'époux
et du témoignage des deux témoins de la totalité du contenu (de l'écrit). Il a écrit de sa main à la date (de l'écrit).
2. A témoigné al-Ḥusayn, fils de celui qui porte la *kunya* Abī al-Qāsim
de la reconnaissance par le tuteur, de l'époux et des deux témoins.
Il a écrit de son écriture à la date (de l'écrit).

Colonne droite

3. A témoigné Muḥammad b. Raǧāʾ b. Ḥusayn du contenu (de l'écrit). Il a écrit de son écriture à la date (de l'écrit).
4. A témoigné Turāb b. Ḥasan du contenu (de l'écrit). On a écrit pour lui sur son ordre et en sa présence.
5. A témoigné Abū al-Ḫayr b. Qaššāš du contenu (de l'écrit). On a écrit pour lui sur son ordre et en sa présence.
6. A témoigné Adham b. Barmūda du contenu (de l'écrit). On a écrit sur son ordre et en sa présence.
7. A témoigné Wahb b. Fāris du contenu (de l'écrit). On a écrit pour lui sur son ordre et en sa présence.

Colonne du milieu

8. A témoigné Ǧamūk b… du contenu (de l'écrit). On a écrit pour lui sur son ordre et en sa présence.
9. A témoigné ʿUmar b. Abū al-ʿArab du contenu de (l'écrit). On a écrit pour lui sur son ordre et en sa présence.

Commentaire

Ligne 1 : les deux formules qui suivent la *basmala* sont tirées du Coran : la première du verset XI, 90/88 ; la seconde du verset IX, 130/129.

L. 2 : Mulūk, telle est la vocalisation correcte du nom, pluriel de Malik[37], et non Mullūk comme le croyait Grohmann.

L. 3 : la formule *qabla duḫūlihi bihā* qui apparaît couramment dans les contrats de mariage n'a pas toujours été correctement traduite[38].

L. 4 : ce passage provient effectivement d'une tradition mise dans la bouche du Prophète et recueillie par trois des Six livres[39] : « Soyez pieux envers Dieu pour les femmes, car vous les avez prises dans la sauvegarde de Dieu » (*fa-ttaqū Allāh fī al-nisāʾ fa-innakum aḫaḏtumūhunna bi-amānat Allāh*).

L. 5 : les clauses matrimoniales énumérées ne figurent dans aucun modèle repris par les manuels de notariat : elles ne se rencontrent que dans les deux contrats de mariage suivants. L'expression *iṣlāḥ ḏāt al-bayn* rappelle un passage du Coran *aṣliḥū ḏāt baynikum* (VIII, 1). Celle d'*al-muwāsāt fī ḏāt al-yad* (et non *al-muʾānasāt*, comme l'avait lu Grohmann) soulève une difficulté d'interprétation. Le terme *muwāsāt* revêt nombre de significations,

37. Ibn Mākūlā, *Ikmāl,* VII, p. 272 ; al-Ḏahabī, *Muštabih,* II, p. 614 ; Ibn Nāṣir al-Dīn, *Tawḍīḥ,* VIII, p. 267-268 ; Ibn Ḥaǧar, *Tabṣīr,* IV, p. 1316.

38. Ainsi celle de Grohmann, *APEL,* I, p. 84, n° 40, l. 6, p. 89, n° 41, l. 5, *going into her*, est inacceptable : il confond *daḫala bihā* et *daḫala fīhā*.

39. Ibn Ḥanbal, *Musnad,* V, p. 73 ; Abū Dāwūd, *Ṣaḥīḥ,* I, p. 300 ; Ibn Māǧa, *Sunan,* II, p. 1025.

dont deux méritent d'être retenues. La première est : prêter assistance à quelqu'un de son argent[40] ; la seconde : partager sur un pied d'égalité et associer des vivres et des revenus (*al-mušāraka wa-l-musāhama fī al-maʿāš wa-l-rizq*). Toutefois, le pluriel semble curieux : les notaires d'Uqlūl avaient peut-être coutume de confondre les deux formes du *tā'*, le lié (*marbūṭa*) et l'ouvert (*maftūḥa*). Quant au terme *ḏāt al-yad*, il désigne couramment la fortune, parfois aussi les choses palpables que l'un donne à l'autre et qui sont susceptibles de prouver l'amitié[41]. Fondée sur une lecture erronée, la traduction de Grohmann *: und die vertrauten Beziehungen hinsichtlich des Vermögens* est dénuée de sens.

La formule *al-ḥifẓ li-l-ġayba* est une réminiscence d'un passage coranique (IV, 34) relatif aux femmes, *ḥāfiẓāt li-l-ġayb*, dont l'interprétation la plus accréditée est la suivante[42] : la femme doit veiller en l'absence de son mari sur ce qui doit être gardé, la maison et les biens de ce dernier, comme sa personne et son sexe afin de lui épargner la honte de l'adultère. Certains exégètes y ajoutent les secrets[43]. La traduction de Grohmann est vide : *und die Bewahrung der Abwesenheit.* Mais l'expression a pris au cours du temps un sens différent : ainsi dans un passage du *Faḫrī* d'Ibn al-Ṭiqṭaqā[44], le vizir accordait chaque année au colombophile Ibn al-Darnūs, devenu confident du calife abbasside al-Mustaʿṣim, une forte somme d'argent, « afin de sauvegarder son absence et le soigner en présence du calife » (*ḥattā yaḥfiẓa ġaybahu wa-yurabbiyahu fī al-ḥaḍra al-ḫalīfatiyya*).

L. 8 : le terme *ḥasab* revêt un sens plus large qu'« origines », comme on le traduit souvent : il désignait primitivement la fortune[45]. Mais comme la mariée pouvait être démunie, j'ai préféré rendre le mot par « condition ».

L. 11-12 : la date est exprimée par le terme imprécis de *salḫ*, décrié par certains juristes : il ne permettait pas, en effet, de savoir si le dernier jour d'un mois lunaire était le 29 ou le 30[46]. Toutefois, cette coutume était courante sous les Fatimides, qui avaient abandonné la vision du croissant en faveur de tables préparées d'avance[47].

L. 12 : *kafā bi-Llāhi šahīdan* revient à trois reprises dans le Coran : IV, 81/79, 164/166 et XVII, 98/96. *Ḥasbunā Allāhu wa-niʿma al-wakīl* est tiré du verset III, 167/173.

Témoignage 1 : le notaire Raǧā' b. Ḥusayn, le premier à confirmer la véracité de l'écrit, a déjà servi de témoin dans l'acte n° IV, où il ne semble pas encore exercer la fonction de prédicateur.

40. Dozy, 1887, vol. 2, p. 807.

41. Dozy, 1887, vol. 1, p. 492.

42. Al-Ṭabarī, *Tafsīr*, V, p. 36-37 ; al-Rāzī, *Tafsīr*, X, p. 72 ; al-Zamaḫšarī, *al-Kaššāf*, I, p. 266 ; al-Ṭabarsī, *Maǧmaʿ al-bayān*, III, p. 43 ; al-Bayḍāwī, *Tafsīr*, I, p. 213.

43. Al-Bayḍāwī, *Tafsīr*, I, p. 213.

44. P. 50. Amar, p. 62, a traduit ainsi l'expression : « pour qu'il le soutînt en son absence et soignât sa réputation auprès du khalife. »

45. Le *ḥasab* est la fortune, et la générosité, la piété (*al-ḥasab al-māl wa-l-karam al-taqwā*), Ibn Ḥanbal, *Musnad*, V, p. 10 ; al-Tirmiḏī, *Ṣaḥīḥ*, XII, p. 158 ; Ibn Māǧa, *Sunan*, II, p. 1416 (4219) ; Pellat, 1971, p. 246.

46. Rāġib, *Actes de vente d'esclaves et d'animaux*, II, p. 103 § 275.

47. Al-Maqrīzī, *Mawāʿiẓ*, I, p. 493 ; Brunschvig, 1976, p. 69.

Tém. 2 : Ḥusayn b. Abī al-Qāsim a également attesté la véracité des deux contrats de mariage suivants. Il a donc exercé la fonction de témoin instrumentaire pendant au moins dix-sept ans, de 444/1052 à 461/1069.

Tém. 3 : Muḥammad est le fils du premier témoin.

Tém. 4 : Grohmann a lu le nom du témoin Furāt, alors que ce prénom est obligatoirement précédé de l'article *al-*. Je suggère Turāb, bien qu'il ne soit pas attesté par ailleurs.

Tém. 5 : Abū al-Ḫayr est le fils de Qaššāš b. Šabīb qui a ratifié l'acte n° II. Il devait servir en 461/1069 de tuteur à ʿAzīza ibnat Ḥudayǧ (n° VIII). Son nom apparaît également dans deux actes provenant du Fayyoum (et peut-être davantage)[48].

Tém. 7 : Wahb b. Fāris devait attester en 456/1064 le contenu d'un acte de partage d'une palmeraie[49].

VII. CONTRAT DE MARIAGE (452/1060) ET ACTE DE RÉPUDIATION (454/1062)

P. LOND. OR. 4684 (13)[50] (Pl. VII et VIII)

Vélin. 35 × 33 cm. Au recto, l'acte de mariage comporte quatorze lignes. Les témoignages sont disposés en colonnes. Encre pâle. Au verso, acte de répudiation.

Analyse

En ǧumādā I 452/juin 1060, ʿAbd al-Ḥākim b. Ǧalīs épouse la fille d'un certain Rizq, qui porte un nom étrange, L.s.h.n., susceptible de multiples vocalisations : Lasahn, Lashan, Lasahan, Lishan ou Lisahn, dont aucune n'est, du reste, attestée. La dot est de dix dinars, dont cinq versés d'avance avant la nuit nuptiale. Un terme a été stipulé pour le règlement du reliquat : cinq ans à compter du jour du mariage, soit en ǧumādā I 458/31 mars-29 avril 1066. Les clauses matrimoniales sont similaires à celles du contrat précédent. L'épouse a pris Tibr b. Abū Ǧamīl pour tuteur matrimonial. Leur lien de famille n'est pas indiqué. Comme elle ne devait pas avoir de parent par les mâles (*ʿāṣib*) (père ou frère), il pourrait être un parent par les femmes (*ḏawī al-arḥām*)[51], aussi bien que le cadi[52], ou son substitut, auquel revenait ce rôle[53] si la mariée n'avait aucun proche pour la représenter à la convention

48. *Papyrologische Studien*, p. 18, n° III, p. 22, n° IV.
49. *Papyrologische Studien*, p. 19 n° III.
50. Ce vélin était auparavant le n° II.
51. Linant de Bellefonds, 1965-1973, vol. 2, p. 55.
52. Al-Asyūṭī, *Ǧawāhir al-ʿuqūd*, II, p. 7 ; Pesle, 1936, p. 118 ; Bousquet, 1951, p. 92 ; Schacht, 1995, p. 27.
53. Le substitut du cadi (*ḫalīfat al-qāḍī*) sert de tuteur matrimonial à la mariée, *APEL*, I, p. 102, n° 45, l. 14 ; repris dans *Chrestomathie*, p. 29, n° 11. Dans un autre contrat de mariage, l'épouse n'a pour tuteur que le fils du cadi (*lā waliyya lahā yawmaʾiḏin siwā maǧlis al-ḥukm al-ʿazīz*), *Chrestomathie*, p. 32, n° 12, l. 17. Dans une lettre

de mariage ; ou à défaut, un musulman quelconque[54]. Les deux témoins obligatoires de la mariée sont Ḥusayn b. Abī al-Farağ et Wahb b. ʿUmar. Huit autres témoins présents lors du contrat ont certifié sa véracité. Mais seuls cinq ont écrit leur attestation de leur main, les trois autres en ont laissé la rédaction à un tiers. Le premier, le notaire, a rédigé son témoignage à droite, alors qu'il était d'ordinaire mis à gauche. Cette union devait s'avérer éphémère : deux ans plus tard, en 454/1062, ʿAbd al-Ḥākim la rompra unilatéralement, comme le révèle l'acte de répudiation rédigé au verso.

Texte

١. بســـم الله الرحــــــــــــــــــــــمن الرحيم وما توفيقي الا بالله عليه
توكلت وهو رب العرش الـــعظيم

٢. هذا ما اصدق عبد الحاكم بن جليس زوجته لسهن ابنت رزق وهما جميعا من سكان الضيعة المعروفة باقلول
اصدقها صداقا

٣. تزوجها به وملك عصمتها وهو من العين المستـ{ـنـ}ـنصري عشرة الدنانير مما تتعامل به مصر واعمالها بالذي
وجب به النكاح وثبت به العقدة قبل دخوله بها

٤. واصابته اياها واخرت عليه خمس دنانير الى انقضا خمس سنين متواليات اولهن شهر جمادى الاول سنة اثنين
وخمسين واربع ماية الهلالية

٥. وعليه ان يتقي الله العظيم فيها وتكون عنـــده في امانة الله وعلى ما مضا من سنة رسول الله صلى الله عليه
وسلم في المتناكحين وحسن الصحبة بعضهما لبعض

٦. وجمع الالفة وصلاح ذات البين والمو<ا>سات في ذات اليد والحفظ للغيبة وعلى شروط الله التي شرط في كتابه
للزوجات على ازواجهن من امساك بمعروف

٧. او تسريح باحسان وله عليها مثل الذي لها عليه من ذلك ودرجة زايدة لقول الله تبارك وتعالا وللرجـال عليهن
درجة والله عزيز حكيم وولي

٨. توزيجها اياه تبر بن ابو جميل بامرها واذنها ورضاها وتوكيلها وذلك بعد ان اشهدت على نفسها شـاهدين حرين
احدهما الحسين بن المكنا

٩. بابي الفرج والاخر وهب بن عمر البلي وهما يعرفانها بعينها واسمها ونسبها وحسـ[ـبـ]ـها وهي ذات يوميذ
امراة بكر بالغ صحيحة العقل والبدن جايزة

inédite du Louvre (JDW 27), une veuve indigente (*armala miskīna*), apparemment chrétienne, écrit au cadi, certainement par la main d'un tiers, pour lui demander un tuteur dont elle lui donne la *kunya* : il devra la marier à un musulman, n'ayant pas de proche parent pour assumer ce rôle.

54. Pesle, 1936, p. 118 ; Bousquet, 1951, p. 92.

١٠. الامر لها وعليهـ<ـا> فازوجها تبر بن ابو جميل من عبد الحاكم بن جليس وقبل هذا النكاح ورضيه والزمه نفسه بعد مخاطبة منه اياها على جميع ذلك

١١. شهد على اقرار عبد الحاكم بن جليس بقبول هذا النكاح وعلى اقرار تبر بن ابو جميل بتزويجها اياه بما بذل لها من المهر المعجل والموجل المنسوب

١٢. في صدر هذا الصداق عاجله واجله وذلك بعد ان قري عليهما جميعا جميع ما فيه من اوله الى اخره حــرفا حرفا فعرفاه واقرا بفهمهما

١٣. ومعرفتهما وذلك في صحة من عقولهما وابد<ا>نهما وجواز امورهما طايعين راغبين غير مكرهين ولا مجبرين ولا مضطهدين وذلك

١٤. في النصف من جمادى الاول سنة اثنين وخمسين واربع ماية شهد الله وملايكته وكفا بالله شهيدا وحسبنا الله ونعم الوكيل

Première colonne droite

١. شهد الحسين بن المكنا بابي القسم على اقرار
الولي والزوج والشاهدين وكتب بخطه في تاريخه

٢. شهد مكي بن وهب بن نهار بن علي وكتب بخطه

٣. شهد ابو القاسم بن الحسين بن ابو القاسم وكتب بخطه

Deuxième colonne

٤. شهد مفرج بن نهار على اقرار
الولي والزوج بجميع ما فيه وكتب
بخطه في تاريخه

٥. شهد شماس بن فنده بما فيه
وكتب عنه بامره ومحضره

Troisième colonne

٦. شهد ابو اليسر بن حمار على اقرار
المقرين بما فيه وكتب عنه بامره ومحضره

٧. شهد خضر بن ابو الفرج بما فيه وكتب عنه بامره ومحضر<ه>

Quatrième colonne

٨. شهد محمد بن عمر على اقرار المقرين
بما فيه وكتب بخطه في تاريخه

Notes de lecture

Ligne 1 : *ʿalayhi* recouvre un mot devenu illisible.

L. 8 : *tawzīǧihā* = *tazwīǧihā*. L'épithète *ḥurrayn* a été rédigée en surcharge sur un mot interrompu après deux lettres, probablement *ʿadlayn*.

L. 10 : le notaire a oublié l'*alif* final de *ʿalayhā*. Je l'ai rétabli grâce aux deux autres contrats de mariage publiés dans ce volume (n° VI, l. 8 et n° VIII, l. 11).

Traduction

Recto

1. Au nom de Dieu, clément et miséricordieux ! Mon assistance n'est qu'en Dieu ! Sur Lui je m'appuie. Il est le Seigneur du Trône immense.
2. Voici la dot donnée par ʿAbd al-Ḥākim b. Ǧalīs à son épouse L.s.h.n. ibnat Rizq, qui comptent tous deux parmi les habitants du domaine connu sous le nom d'Uqlūl. Il lui a donné une dot
3. par laquelle il l'a épousée et a pris possession de sa virginité. Elle est en espèces d'al-Mustanṣir de dix dinars, de ceux qui servent de monnaie courante en Égypte et ses provinces. Le montant exigé pour le mariage et enregistré dans le contrat avant que (ʿAbd al-Ḥākim) consomme le mariage
4. et possède L.s.h.n. est de cinq dinars. Elle lui a différé (le paiement) de cinq dinars jusqu'à expiration de cinq années successives, dont la première commence au mois de ǧumādā I l'année quatre cent cinquante-deux lunaire.
5. Il faut qu'il soit pieux envers Dieu très grand pour elle, qu'elle soit chez lui dans la sauvegarde de Dieu et qu'ils suivent l'exemple de la Tradition de l'Apôtre de Dieu – que Dieu lui accorde bénédictions et salut ! relative aux époux. (Ils doivent) entretenir de bons rapports,
6. une union d'affection, établir la concorde entre eux et se prêter une assistance mutuelle de leur avoir. (La femme) doit, en outre, garder (ce qu'elle est tenue de garder) en l'absence (de son mari) et se conformer aux clauses de Dieu stipulées dans Son livre aux épouses relativement à leurs époux : les reprendre d'une manière reconnue (convenable)
7. ou leur donner la liberté de bonne grâce. (ʿAbd al-Ḥākim) a des droits sur L.s.h.n. semblables aux droits qu'elle a sur lui, et une prééminence supplémentaire en raison de la parole de Dieu – qu'Il soit béni et exalté ! : « Les hommes ont sur elles une prééminence. Dieu est puissant et sage. » Le tuteur

8. du mariage de (L.s.h.n. à ʿAbd al-Ḥākim) est Tibr b. Abū Ǧamīl sur son ordre, son autorisation, son agrément et le mandat qu'elle a donné ; et cela, après qu'elle eut pris à témoin deux témoins de condition libre : l'un est al-Ḥusayn fils de celui qui porte la *kunya*
9. d'Abū al-Faraǧ, l'autre Wahb b. ʿUmar al-Billī. Ils la connaissent de visage, de nom, de lignée et de condition. Elle est en ce jour une femme vierge, pubère, saine de corps et d'esprit, juridiquement capable
10. de recevoir et de disposer. Tibr b. Abū Ǧamīl l'a mariée à ʿAbd al-Ḥākim b. Ǧalīs qui a accepté ce mariage, l'a agréé et se l'est imposé après avoir entretenu (Tibr) de la totalité de cela.
11. On a témoigné de la reconnaissance par ʿAbd al-Ḥākim b. Ǧalīs de l'acceptation de ce mariage et de la reconnaissance par Tibr b. Abū Ǧamīl d'avoir marié (L.s.h.n. (?) à ʿAbd al-Ḥākim) avec la dot offerte au comptant et à terme déterminée
12. au début de ce (contrat de) mariage, la partie payée au comptant et la partie payable à terme. Cela après avoir donné lecture à tous deux de la totalité du contenu (de l'écrit), du commencement à la fin, mot à mot. Ils en ont pris connaissance et ont reconnu l'avoir compris
13. et en avoir pris connaissance. Cela dans la plénitude de leurs facultés mentales et physiques, leur capacité juridique, leur assentiment et leur satisfaction, sans violence, ni contrainte, ni oppression. Et cela
14. à la moitié de ǧumādā I l'année quatre cent cinquante-deux. Ont attesté Dieu et Ses anges. Combien Dieu suffit comme témoin ! Dieu nous suffit ! Quel excellent protecteur !

Première colonne droite

1. A témoigné al-Ḥusayn, fils de celui qui porte la *kunya* Abū al-Qāsim de la reconnaissance du tuteur, de l'époux et des deux témoins. Il a écrit de son écriture à la date (de l'écrit).
2. A témoigné Makkī b. Wahb b. Nahār b. ʿAlī. Il a écrit de son écriture.
3. A témoigné Abū al-Qāsim b. al-Ḥusayn b. Abū al-Qāsim. Il a écrit de son écriture.

Deuxième colonne

4. A témoigné Mufarriǧ b. Nahār de la reconnaissance
par le tuteur et l'époux de la totalité du contenu (de l'écrit). Il a écrit
de son écriture à la date (de l'écrit).
5. A témoigné Šammās b. … du contenu (de l'écrit).
On a écrit pour lui sur son ordre et en sa présence.

Troisième colonne

6. A témoigné Abū al-Yusr b. Ḥimār de la reconnaissance
par les parties du contenu (de l'écrit). On a écrit pour lui, sur son ordre et en sa présence.
7. A témoigné Ḫaḍir b. Abū al-Faraǧ du contenu (de l'écrit). On a écrit pour lui sur son ordre et en sa présence.

Quatrième colonne

8. A témoigné Muḥammad b. ʿUmar de la reconnaissance par les parties du contenu (de l'écrit). Il a écrit de son écriture à la date (de l'écrit).

Commentaire

Ligne 2 : le nom du père de l'époux peut être lu Ǧalīs, Ḥulays ou Ḫulays : le *yā'* porte, en effet, deux points diacritiques à la ligne 10. Celui de Ḥalbas qui figure également dans les recueils de noms homographes doit donc être écarté [55]. Le nom énigmatique de l'épouse semble confiné aux bédouins : je n'ai pu en retrouver aucune attestation dans les papyrus ou les sources narratives. Comme le suggèrent ses deux graphies, la présente et la suivante qui figure dans l'acte de répudiation rédigé au verso, il se compose des lettres suivantes : *lām*, *sīn* ou *šīn*, *hā'* et *nūn* qui porte un point diacritique. Cette lecture fondée sur une comparaison minutieuse des caractères tracés par deux mains différentes [56] ne conduit à aucun mot arabe susceptible d'en fixer la vocalisation. Les noms Yāsmīn et Asmahān doivent être écartés : la première voyelle longue de l'un et la dernière de l'autre sont omises, alors qu'elles étaient écrites sous les Fatimides.

L. 9 : la *nisba* du second témoin peut se lire Bulā, Billī et Tallī [57]. Il ne peut s'agir de la tribu des Balī [58] : ses membres sont appelés Balawī [59].

Témoignage 2 : ce témoin a également attesté un acte de partage d'une palmeraie d'Uqlūl en 456/1064 [60].

Tém. 5 : le témoin est probablement copte. Le témoignage des tributaires était, en effet, admis en Égypte à l'époque fatimide [61].

Tém. 6 : le nom du père du témoin peut se lire de différentes manières : Ḥimār, Ḥimāz, Ǧammāz, Ḥammār, Ḫammār, Ḫumār et Ḫimār, outre diverses *nisba*-s obligatoirement précédées de l'article *al-* [62].

55. Ibn Mākūlā, *Ikmāl,* II, p. 496-499 ; al-Ḏahabī, *Muštabih,* I, p. 245 ; Ibn Nāṣir al-Dīn, *Tawḍīḥ,* III, p. 294-296 ; Ibn Ḥağar, *Tabṣīr,* I, p. 59.

56. Comparer le *hā'* avec ceux de *ašhadat* dans le présent contrat (l. 8) et de *šahr* dans l'acte de répudiation suivant (l. 3).

57. Al-Samʿānī, *Ansāb,* II, p. 325-326 ; III, p. 70-72 ; Ibn al-Aṯīr, *Lubāb,* I, p. 177, 221 ; Ibn Nāṣir al-Dīn, *Tawḍīḥ,* I, p. 250-253.

58. Sur cette tribu, cf. al-Qalqašandī, *Nihāya,* p. 180 ; *Qalā'id,* p. 45-46 ; al-Maqrīzī, *Bayān,* p. 29-32 ; al-Birrī, *Qabā'il,* p. 186-188 ; Kaḥḥāla, *Muʿǧam,* I, p. 104-107. Son nom doit être vocalisé Balī (et non Bilī), comme le précisent Ibn Mākūlā, *Ikmāl,* I, p. 355 ; al-Qalqašandī, *Qalā'id,* p. 45 ; *Ṣubḥ,* I, p. 316 ; Ibn Ḥağar, *Tabṣīr,* I, p. 103.

59. Al-Qalqašandī, *Nihāya,* p. 180 ; *Qalā'id,* p. 45.

60. *Papyrologische Studien,* p. 18 l. 16 (où Grohmann a lu Makr).

61. Rāġib, *Actes de vente d'esclaves et d'animaux,* II, p. 107-108 § 289.

62. Ibn Mākūlā, *Ikmāl,* II, p. 547-550 ; al-Ḏahabī, *Muštabih,* I, p. 169-170 ; Ibn Nāṣir al-Dīn, *Tawḍīḥ,* II, p. 399-408 ; Ibn Ḥağar, *Tabṣīr,* I, p. 259-260.

ACTE DE RÉPUDIATION

Verso : le document comporte quatre lignes. Encre très pâle et par endroits effacée. Au-dessus, une ligne rédigée par le fonctionnaire qui a enregistré le document. Au-dessous, traces de témoignages.

Analyse

Comme les actes de répudiation conservés sont relativement rares[63], le document revêt un intérêt particulier. À une date incertaine des treize premiers jours du mois de ǧumādā I 454, soit avant le 25 mai 1062, date que révèle le premier témoignage, ʿAbd al-Ḥākim répudia sa femme L.s.h.n. par une seule répudiation qui a conféré à celle-ci la libre disposition de sa personne. Au rebours de la répudiation triple, qui rompt définitivement le mariage et que l'on désigne sous le terme de *bāʾin*, cette répudiation simple, dont la formule expresse n'a été proférée qu'une fois, est révocable (*raǧʿī*) : l'époux a le droit de se rétracter, mais ne pourra reprendre la vie commune que par une nouvelle union exigeant une nouvelle dot, un tuteur et deux témoins. La dissolution du mariage rend exigible avant terme l'arriéré de la dot. Aussi ʿAbd al-Ḥākim devra s'acquitter des cinq dinars restants par des termes séparés par des intervalles réguliers et successifs : un quart dès la répudiation prononcée, soit en bašans 454/26 avril-25 mai 1062, plutôt vers sa fin, puis un huitième chaque mois, à partir du mois suivant ba'ūna/26 mai-24 juin. Il lui faudra 39 mois solaires pour s'en acquitter, soit trois ans, jours épagomènes inclus que l'Égypte musulmane considérait comme un mois entier et appelait « petit mois » (*al-šahr al-ṣaġīr*). Sa dette sera éteinte en barmūda 457 qui commençait le 27 mars 1065 et correspondait au mois lunaire de ǧumādā 1er et 10 mars-10 avril.

Texte

Verso

ثبت عندي ذلك كله وكتب ... بن علي والحمد لله وحده

١. بســــــم الله الرحمن الرحيم

٢. اقر عبد الحاكم بن جليس واشهد على نفسه بصحة منه وجواز امر انه طلق زوجته لسهن ابنت رزق طلقة واحدة تملك بها نفسها لا رجعة له عليها [ا]لا بصداق وولي وشاهدين

63. Sept, dont le premier fragmentaire, *APRL*, p. 118, X. nº 15 ; Grohmann, « Arabische Papyri », p. 48, nº 14 ; Māhir, « ʿUqūd », p. 47-48 ; Levi della Vida, *Arabic Papyri*, p. 54-55, nº 28 ; *Chrestomathie*, nºs 17 et 18, 19 et 20. Rapoport, 2000, p. 16-17, n'en dénombre que six.

٣. وعلى انه يقوم لها عن موخر صداقها التي لها عليه ربع دينار في بشنس وثمن في كل شهر على استقبال شهر بوونة
من شهور سنة اربع وخمسين واربعماية الخراجية بقي عليه لزوجته
٤.] .... في جمادى الاول سنة سبع وخمسين وارب<ـعماية>
شهد .... بن مهدي
بن علي على اقرار]   [

Traduction

Tout cela a été enregistré chez moi. ... b. ʿAlī a écrit. Louange à Dieu seul !

1. Au nom de Dieu, clément et miséricordieux !
2. ʿAbd al-Ḥākim b. Ǧalīs a reconnu et pris à témoin (des témoins) dans la plénitude de ses facultés et sa capacité juridique qu'il a répudié sa femme, L.s.h.n. ibnat Rizq, par une seule répudiation qui l'a mise en possession de sa personne. Il ne pourra la reprendre que par une dot, un tuteur et deux témoins.
3. Il s'engage à lui verser l'arriéré de sa dot qu'il lui doit : un quart de dinar en bašans, et un huitième chaque mois, depuis le début du mois de ba'ūna des mois de l'année quatre cent cinquante-quatre de l'impôt foncier. Il reste redevable à sa femme
4.] .... en ǧumādā I l'année quatre cent cinquante-sept.
   A témoigné ... b. Mahdī
   b. ʿAlī de la reconnaissance par [   ]

VIII. CONTRAT DE MARIAGE DE DEUX GARDIENS DU DOMAINE D'UQLŪL (461/1069)

P. LOND. OR. 4684 (18) [64] (Pl. IX)

Vélin. 73 × 86 cm. L'acte proprement dit comporte quinze lignes. Les attestations sont rédigées dans le désordre. Deux, les deuxième et quatrième, sont collectives : elles comportent chacune le nom de quatre témoins. Encre pâle.

Analyse

Dans la première décade de ramadan 461/24 juin-3 juillet 1069, l'émir Qirwāš b. Ḥumayd, qui semble appartenir à la tribu des Banū Kilāb, particulièrement nombreux au Fayyoum, prend pour femme ʿAzīza b. Ḥudayǧ. Les deux époux exerçaient la même fonction :

64. Après le classement des documents dans l'ordre chronologique, ce vélin passa du n° III au n° 18.

gardiens du domaine d'Uqlūl. Cette protection rémunérée courante au ve/xie siècle dans la région pour les biens des tributaires, notamment les monastères, aussi bien que pour les villages, devait être une source considérable de profits : les revenus versés tous les ans par les habitants avaient permis à Qirwāš d'offrir en pleine famine une dot de 800 dinars à son épouse, même si seule la moitié fut versée avant consommation. La seconde moitié fut différée à une date qui devait figurer dans le fragment perdu du parchemin, si elle n'avait été sciemment omise [65] : l'absence de stipulation de terme n'annule pas, en effet, le contrat [66]. Cette dot est la plus élevée que l'on rencontre dans les contrats de mariage conservés du Moyen Âge, d'Égypte comme de Syrie. En outre, l'émir a promis à son épouse une série de dons nuptiaux inscrits en queue d'acte avant les témoignages : une tente de soie, une robe de brocart, une tenture, un rideau, un oreiller (?), un bassin d'or, un collier et une esclave. Un tel engagement de la part de l'époux envers son épouse demeure toutefois exceptionnel dans les contrats rendus par le sol d'Égypte. Aussi est-il inséré entre acte et attestations sous forme de reconnaissance. Ces prodigalités furent convenues l'année même où sévissait depuis sept ans une terrible famine qui conduisit la population à dévorer les cadavres [67]. Même le calife al-Mustanṣir ne fut pas épargné : en proie à la misère, la faim l'aurait emporté, sans l'écuelle de pain émietté que lui envoyait chaque jour une pieuse descendante du Prophète, qui dépensa ses biens en aumônes au cours de cette longue disette.

ʿAzīza a désigné Abū al-Ḫayr b. Qaššāš pour l'assister comme tuteur, bien qu'il ne paraisse pas normalement compétent pour procéder au mariage de la femme placée sous sa tutelle : il semble, en effet, n'avoir aucun lien de parenté avec elle. Ce choix révèle que son père Ḥudayǧ, auquel ce rôle était naturellement dévolu, avait quitté le monde et qu'aucun parent proche n'était susceptible de le remplacer. Mais, comme il apparaît déjà parmi les témoins de la mariée du précédent contrat dix-sept ans plus tôt (n° VI) [68], et dans deux autres documents comme copropriétaire [69], on peut présumer qu'il était le substitut du cadi. Les deux témoins indispensables à la validité du mariage sont Ǧawd b. Ǧābir et Ḥasan ʿAlī b. Rabīʿ. Treize témoins ont validé l'acte, dont un copte, Rāhib b. Kulayb.

Texte

١. بســـــــم الله الرحيم [ما توفيقي الا بالله] عليه توكلت وهو [رب العرش العظيم]

٢. هذا ما اصدق الامير قر[واش] بن حميد الـكلبي (؟) زوجتـ[ـه عزيزة ابنت حديج بن] يحيى وهما جميعا خفرا

65. Comme dans le contrat inscrit sur un tesson publié par Grohmann, « Einige arabische Ostraka », p. 501.

66. Ibn Muġīṯ, *Muqniʿ*, p. 36.

67. Décrite par nombre de sources narratives, Ibn Muyassar, *Muntaqā*, p. 35 ; al-Nuwayrī, *Nihāyat al-arab* XXVIII, p. 224-227 ; al-Maqrīzī, *Iġāṯa*, p. 25-26 ; *Ittiʿāẓ*, II, p. 278-279 ; Abū al-Maḥāsin, *al-Nuǧūm al-zāhira*, V, p. 15-17 ; Quatremère, 1811, II, p. 401-408.

68. L'acte de mariage précédent.

69. *Papyrologische Studien*, p. 18, n° III, p. 22 n° IV.

٣. الضيعة المعر<و>فة باقلول من بعض [قرى كورة الفيوم] اصدقها صداقا تزوجها بها وملك عصمتها وهو من العين

٤. المستنصري ثمانية ماية دينارا مما تتعامل به مصر واعـ[ـمالها فا]لذي وجـ[ـب] به النكـ[ـاح وثبت العقدة قبل دخوله بها] واصابته اياها

٥. اربع ماية ´دينارا' واخرت عليه اربع ماية ´دينارا' [..............] وعليه ان يتقي الله [العظيم فيها وتكون] عنده في امانة الله وعلى ما مضا

٦. من سنة رسول الله صلى الله عليه وسلم في المتناكحين وحسن [الصحبة بعضهما لبعض و]جمع الالفة وصلاح ذات البين والمو<ا>سات

٧. في ذات اليد والحفظ [للغيبة وعلى] شروط الله [التي] شرط في كتابه للزوجات على ازواجـ[ـهن من امساك بمعروف او] تسريح

٨. باحسان وله عليها مثل الذي لها عليه من ذلك [ودرجة زايدة لقول الله تبارك وتعالى و] للرجال عليهن درجة [والله عـ]ـزيز حكيم

٩. وولي تزويجها اياه يوميذ ابو الخير بن قشاش بامرها واذنها وتوكيلها اياه وذلك بعد ان [اشهدت على نفسها شاهدين] حرين احدهما جود بن جابر والاخر

١٠. حسن علي بن ربيع وهما يعرفنها بعينها [واسمها ونسبها] وحسبها وهي ذات يوميذ امراة بكر بالغ صحيحة العقل والبدن جايزة

١١. الامر لها وعليها فازوجها ابو الخير بن قشاش من قر[واش بن حميـ]ـد وقـ[ـبـ]ـل [هذا النـ]ـكاح ورضيه وا[لزمه] نفسه بعد [مخا]طبة مـ[ـنه اياها] على جميع ذلك شهد

١٢. {شهد} على اقرار قرواش بن حميد بقبول هذا النكاح وعلى اقرار ابو الخير بن قشاش بتزويجها اياه بما بذل من المهر المعجل والموجل المنسوب في صدر

١٣. هذا الصداق عاجـــــله واجله وذلك بعد ان قري عليهما جميعا جميع ما فـ[ـيـ]ـه من اوله الى اخره حــــرفا حـــــــــرفا فاقرا بفهمهما ومعرفتهما

١٤. وذلك في صحة من عقولهما وابد<ا>نهما وجواز امورهما طايعين راغبين غير مكرهين ولا مجبرين ولا مضطهدين وكتب في العشر الاول من رمضان سنة احدى وستين واربع ماية

١٥. واقرت عزيزة ابنت حديج ان لها على زوجها قرواش بن حميد مضرب حرير وجبة ديباج وحجلة وستر <و>وساد (؟) وحوض ذهب وطوق وجارية الرضا

Colonne gauche

١. شهد الحسين بن المكنا بابى القسم على اقرار المقرين بما فيه
وكتب بخـــــــطه في تاريخـــــــــــــــــــه

Colonne droite

٢. شهد محمد بن رزين على اقرار الولي والزوج بجميع ما فيه وكتب بخطه
٣. شهد حسان بن بديح ونهار بن ربيع وتمام بن مروان وراهب بن كليب على اقرار المقرين
بجميع ما فيـه وكتب عنهم بامرهم ومحضرهم
٤. شهد عبد الرحمن بن رزق
المعلم الاندلسي بجميع ما فيه وكتب بخطه

Colonne du milieu

٥. شهد جميل بن جابر وعلي بن [... و... بن] برموده ومنا الله بن اسمعيل
٦. شهد برمهات؟ بن ابو الحسين
وكتب عنه بامره ومحضره
٧. شهد ابو القاسم بن الحسين
بجمـــيع ما فيه وكتب بخطه

Traduction

1. Au nom de Dieu, clément ! Mon assistance n'est qu'en Dieu ! Sur Lui je m'appuie. Il est le Seigneur du Trône immense.
2. Voici la dot donnée par l'émir Qir[wāš] b. Ḥumayd al-Kalbī (?) à son épouse [ʿAzīza ibnat Ḥudayǧ b.] Yaḥyā qui sont tous deux gardiens
3. du domaine connu sous le nom d'Uqlūl, l'un des villages du district du Fayyoum. Il lui a donné une dot par laquelle il l'a épousée et pris possession de sa virginité. Elle est en espèces
4. d'al-Mustanṣir de huit cents dinars, de ceux qui servent de monnaie courante en Égypte et ses provinces. Le montant exigé pour le mariage et enregistré dans le contrat avant que (Qirwāš) ne consomme le mariage et ne possède (ʿAzīza)
5. est de quatre cents 'dinars'. Elle lui a différé (le paiement) de quatre cents « dinars » [...]. Il faut qu'il soit pieux envers [Dieu très grand pour elle, qu'elle soit] chez lui dans la sauvegarde de Dieu et qu'ils suivent l'exemple de

6. la Tradition de l'Apôtre de Dieu – que Dieu lui accorde bénédictions et salut! relative aux époux. (Ils doivent) entretenir de bons rapports, [une union d'affection], établir la concorde entre eux et se prêter une assistance mutuelle
7. de leur avoir. (La femme) doit, en outre, garder (ce qu'elle est tenue de garder) en l'absence (de son mari) et se conformer aux clauses stipulées par Dieu dans Son livre aux épouses relativement à leurs époux : les reprendre d'une manière reconnue [convenable] ou [leur]
8. donner la liberté de bonne grâce. (Qirwāš) a des droits sur (ʿAzīza) semblables aux droits qu'elle a sur lui de cela et une prééminence supplémentaire pour la parole de Dieu – qu'Il soit béni et exalté ! : « Les hommes ont sur elles une prééminence. Dieu est puissant et sage. »
9. Le tuteur du mariage de (ʿAzīza à Qirwāš) en ce jour est Abū al-Ḫayr b. Qaššāš, sur son ordre, son autorisation et le mandat qu'elle lui a donné ; et cela, après qu'elle eut pris à témoin deux témoins de condition libre : l'un est Ǧawd b. Ǧābir, l'autre
10. Ḥasan ʿAlī b. Rabīʿ. Ils la connaissent de visage, [de nom, de lignée] et de condition. Elle est en ce jour une femme vierge, pubère, saine de corps et d'esprit, juridiquement capable
11. de recevoir et de disposer. Abū al-Ḫayr b. Qaššāš l'a mariée à Qirwāš b. Ḥumayd qui a accepté ce mariage, l'a agréé, et se l'est imposé après l'avoir entretenue de la totalité de cela. On a témoigné
12. {On a témoigné} de la reconnaissance par Qirwāš b. Ḥumayd de l'acceptation de ce mariage et de la reconnaissance par Abū al-Ḫayr b. Qaššāš d'avoir marié (ʿAzīza à Qirwāš) avec la dot offerte au comptant et à terme déterminé au début
13. de ce (contrat de) mariage, la partie payée au comptant et la partie payable à terme. Cela après avoir donné lecture à tous deux de la totalité du contenu de l'écrit, du commencement à la fin, mot à mot. Ils ont reconnu l'avoir compris et en avoir pris connaissance.
14. Cela dans la plénitude de leurs facultés mentales et physiques, leur capacité juridique, leur assentiment et leur satisfaction, sans violence, ni contrainte, ni oppression. Écrit dans la première décade de ramadan l'année quatre cent soixante et un.
15. ʿAzīza ibnat Ḥudayǧ a reconnu que son époux Qirwāš b. Ḥumayd lui doit une tente de soie, une robe de brocart, une tenture, un rideau, un oreiller (?), un bassin d'or, un collier et une esclave agréable.

Colonne gauche

1. A témoigné al-Ḥusayn, fils de celui qui porte la *kunya* Abī al-Qāsim de la reconnaissance par les parties du contenu (de l'écrit).
   Il a écrit de son écriture à la date (de l'écrit).

Colonne droite

2. A témoigné Muḥammad b. Razīn de la reconnaissance par le tuteur et l'époux de la totalité du contenu de (l'écrit). Il a écrit de son écriture.
3. Ont témoigné Ḥassān b. Budayḥ, Nahār b. Rabīʿ, Tammām b. Marwān et Rāhib b. Kulayb de la reconnaissance par les parties
de la totalité du contenu de (l'écrit). On a écrit pour eux sur leur ordre et en leur présence.
4. A témoigné ʿAbd al-Raḥmān b. Rizq
l'instituteur d'al-Andalus de la totalité du contenu (de l'écrit). Il a écrit de son écriture.

Colonne du milieu

5. Ont témoigné Ǧamīl b. Ǧābir, ʿAlī b. [... , ... b.] Barmūda et Minā Allāh b. Ismāʿīl.
6. A témoigné Barmahāt (?) b. Abū al-Ḥasan.
On a écrit pour lui sur son ordre et en sa présence.
7. A témoigné Abū al-Qāsim b. al-Ḥusayn
de la totalité du contenu de (l'écrit). Il a écrit de son écriture.

Commentaire

Ligne 2 : le titre d'*amīr* est attesté pour certaines tribus au Moyen Âge, comme les Balī[70]. Il semble désigner le chef et, par extension, ses descendants des deux sexes. Le nom de l'époux doit être vocalisé Qirwāš et rattaché à l'arabe *qarš* (gain)[71], bien qu'il signifie également parasite, pique-assiette et homme à grosse tête[72]. Seul Abū al-Maḥāsin[73] le fait dériver du turc Qarāwāš (esclave noir). Il fut notamment porté par l'émir de Mossoul, Qirwāš b. al-Muqallad b. al-Musayyab, qui fit en 401/1010 le prône au nom du calife fatimide al-Ḥākim à Mossoul, al-Anbār, al-Madā'in et al-Kūfa. Comme il continua d'entretenir de bons rapports avec le palais du Caire, al-Mustanṣir lui envoya en 436/1043 des étendards et des robes d'honneur[74]. Le pronom affixe *-humā* doit désigner Qirwāš et ʿAzīza et non le père de celle-ci, Ḥudayǧ, qui devait être alors mort : autrement, le rôle de tuteur lui serait revenu d'office. Ce pronom révèle par ailleurs que la fonction de *ḫafīr* était transmise par voie héréditaire, même à une femme.

70. Al-Qalqašandī, *Nihāya*, p. 180 ; *Qalā'id*, p. 46 ; al-Maqrīzī, *Bayān*, p. 30. Voir aussi les contrats de mariage d'émirs bédouins à des *amīra*-s, Muḫliṣ, « ʿAqdā nikāḥ » ; Māhir, « ʿUqūd », p. 51 ; Rapoport, 2005, p. 56.

71. Ibn Ḫallikān, *Wafayāt*, V, p. 267.

72. Al-Fayrūzabādī, *Qāmūs*, p. 777.

73. *Al-Nuǧūm al-zāhira*, V, p. 49.

74. Ibn al-Aṯīr, *Kāmil*, index ; Ibn Ḫallikān, *Wafayāt*, V, p. 262-267 ; al-Maqrīzī, *Ittiʿāẓ*, II, p. 193 ; Abū al-Maḥāsin, *al-Nuǧūm al-zāhira*, IV, p. 203-204 ; V, p. 49-50.

L. 15 : dans nombre de sources qui décrivent les splendeurs fatimides, le terme *miḍrab* s'applique à une grande tente[75], si fastueuse qu'elle était regardée comme la « tente des rois » (*fusṭāṭ al-mulk*)[76]. Dans un passage même, on rencontre une tente de soie avec tout son équipement (*miḍrab ḥarīr bi-ǧamīʿ ālatihi*)[77]. Le mot *ǧubba* désigne un long vêtement proche du manteau, ouvert devant et dont les manches parfois étroites pouvaient tomber sur les poignets[78]. Le terme *ḥaǧala* revêt divers sens : tente d'apparat destinée à la mariée, tenture et voile des appartements des femmes[79]. J'ai préféré le second sens au premier, car ʿAzīza réclame aussi une grande tente de soie. Enfin, il pourrait également s'appliquer à un baldaquin de lit[80], mais l'acception demeure incertaine : aussi demande-t-elle vérification. Les rideaux que l'on rencontre fréquemment dans les documents de la Geniza n'étaient pas toujours destinés aux fenêtres : certains servaient de portières[81] et d'autres à isoler un coin de pièce[82], notamment pour cacher la nudité des femmes qui se changeaient[83]. Enfin, le terme *wisād* est incertain. On peut également lire *misʿad* qui désignait une outre destinée à recevoir du beurre, de l'huile ou du miel. Mais ce présent semble insolite, d'autant plus que son contenu n'est pas spécifié. Ces présents exigés par la femme ne doivent pas être confondus avec un trousseau (*ǧahāz* ou *ǧihāz*) que l'on ne rencontre jamais dans les contrats de mariage musulmans et qui était, du reste, à la charge des parents de l'épouse.

Témoignage 2 : le nom du père du témoin peut être lu Razīn ou Zarrīn[84].

Tém. 4 : le nom du père du premier témoin doit être lu Budayḥ, même s'il est parfois confondu avec Barīḥ[85].

75. Ibn al-Zubayr, *Ḏaḫāʾir*, p. 36 § 40, p. 121 § 152, p. 218 § 302 ; al-Maqrīzī, *Mawāʿiẓ*, I, p. 204, 237, 418 ; passages traduits par Serjeant, *Islamic Textiles*, p. 155, 160, 161.

76. Suivant les termes d'Ibn Manẓūr, *Lisān*, I, p. 551.

77. Ibn al-Zubayr, *Ḏaḫāʾir*, p. 49 § 69.

78. Dozy, 1845, p. 107-117 ; Stillman, 1976, p. 589 ; Goitein, 1967-1993, vol. 4, p. 154, 171.

79. Blachère *et al.*, 1970-1978, vol. 3, p. 2160.

80. Comme le suggère un document de la Geniza, Goitein, 1967-1993, vol. 4, p. 381.

81. Goitein, 1967-1993, vol. 4, p. 117-123.

82. Lombard, 1978, p. 186.

83. Goitein, 1967-1993, vol. 4, p. 117-123.

84. Ibn Mākūlā, *Ikmāl*, IV, p. 64-65 ; al-Ḏahabī, *Muštabih*, I, p. 315-316 ; Ibn Nāṣir al-Dīn, *Tawḍīḥ*, IV, p. 183-184 ; Ibn Ḥaǧar, *Tabṣīr*, II, p. 602.

85. Ibn Mākūlā, *Ikmāl*, I, p. 216.

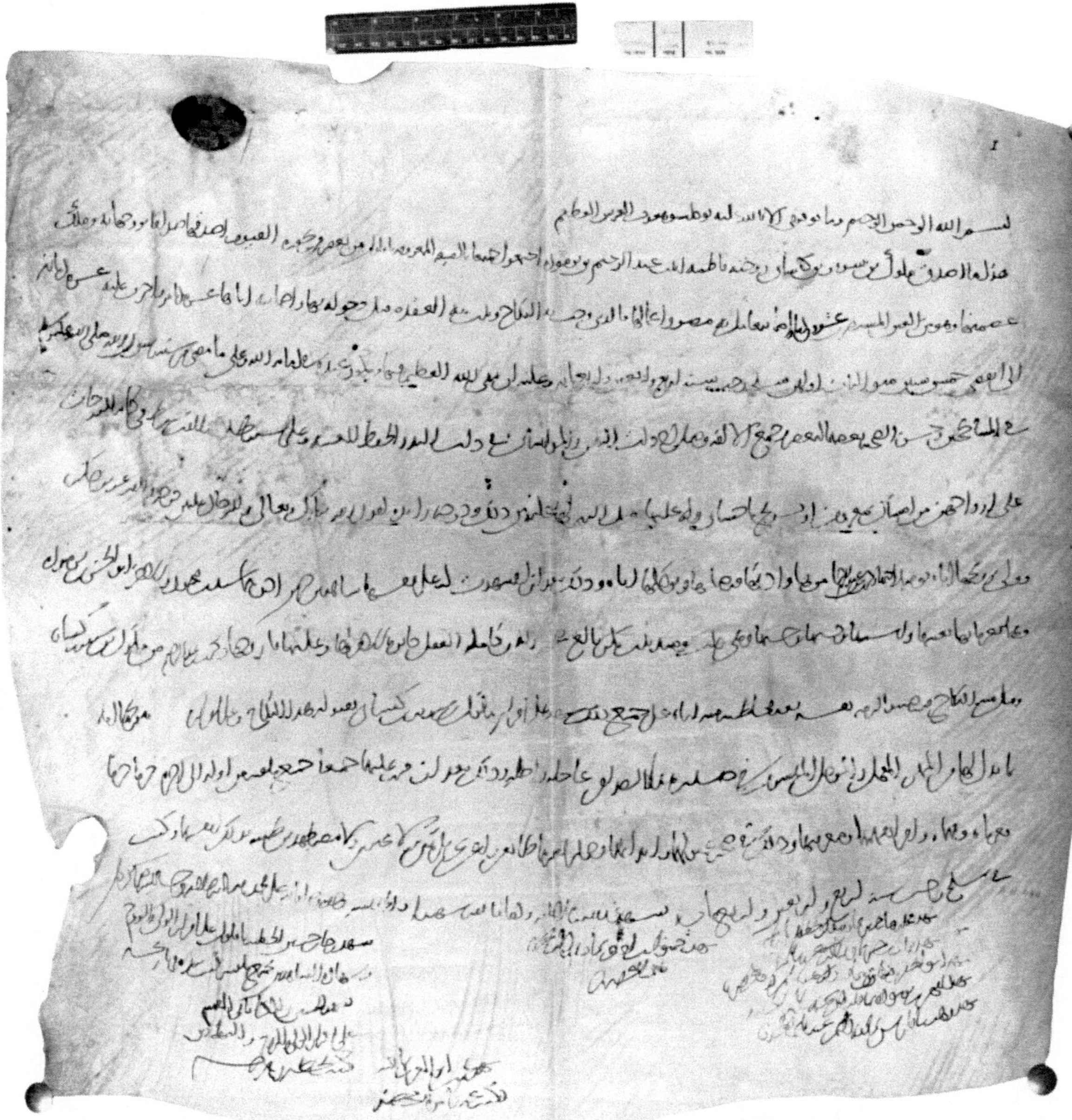

Pl. VI. P. LOND. OR. 4684 (17).

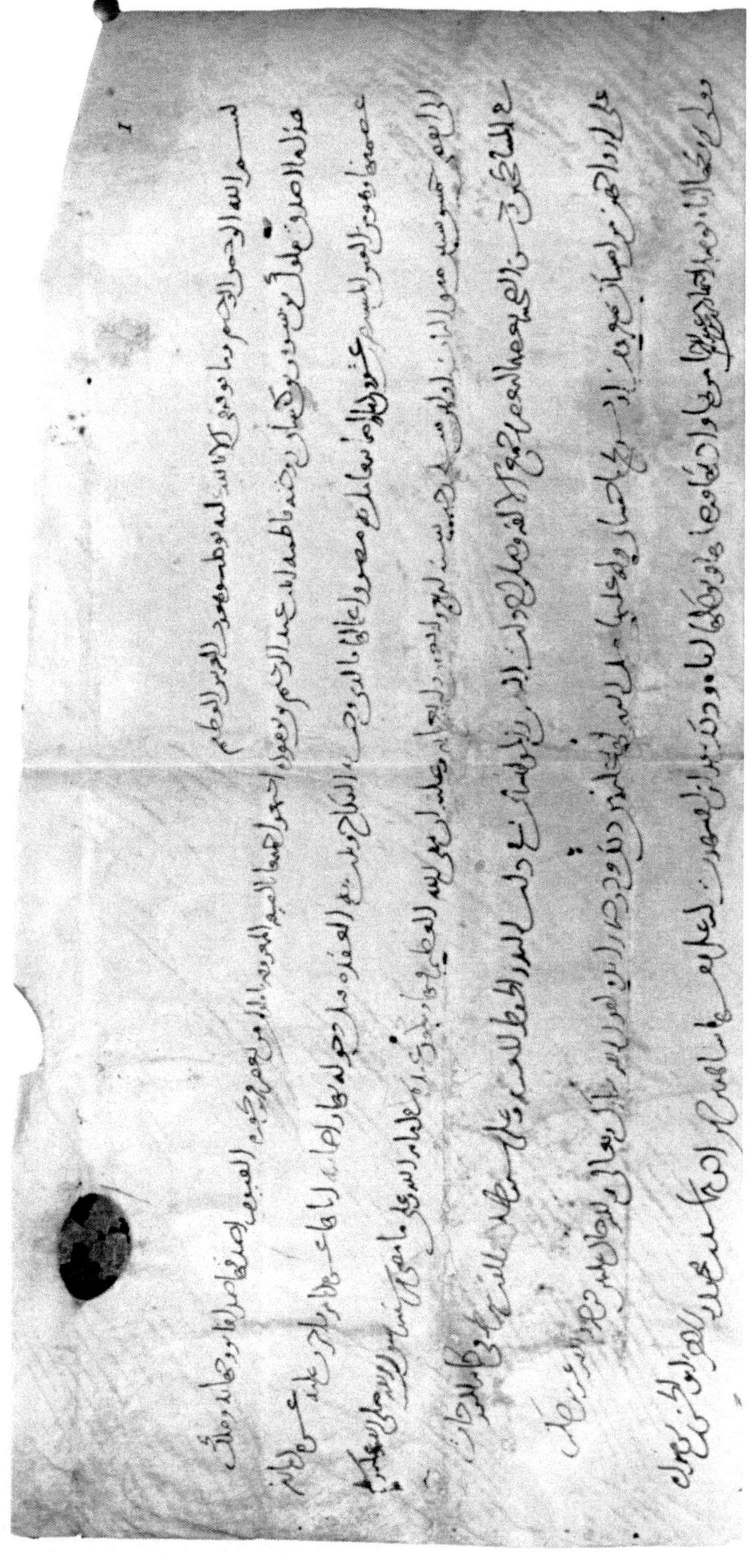

Pl. VI a. Partie supérieure P. LOND OR. 4684 (17).

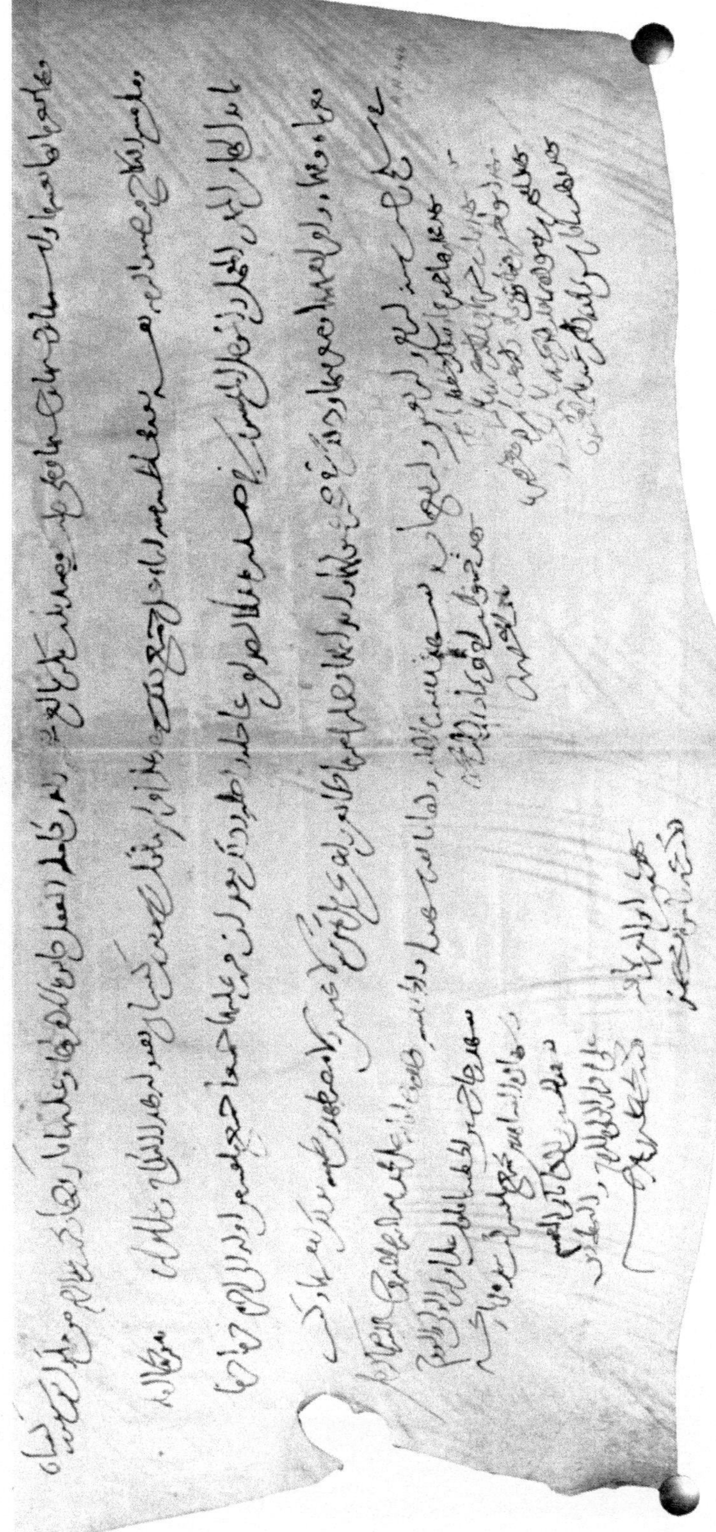

Pl. VI b. Partie inférieure P. LOND. OR. 4684 (17).

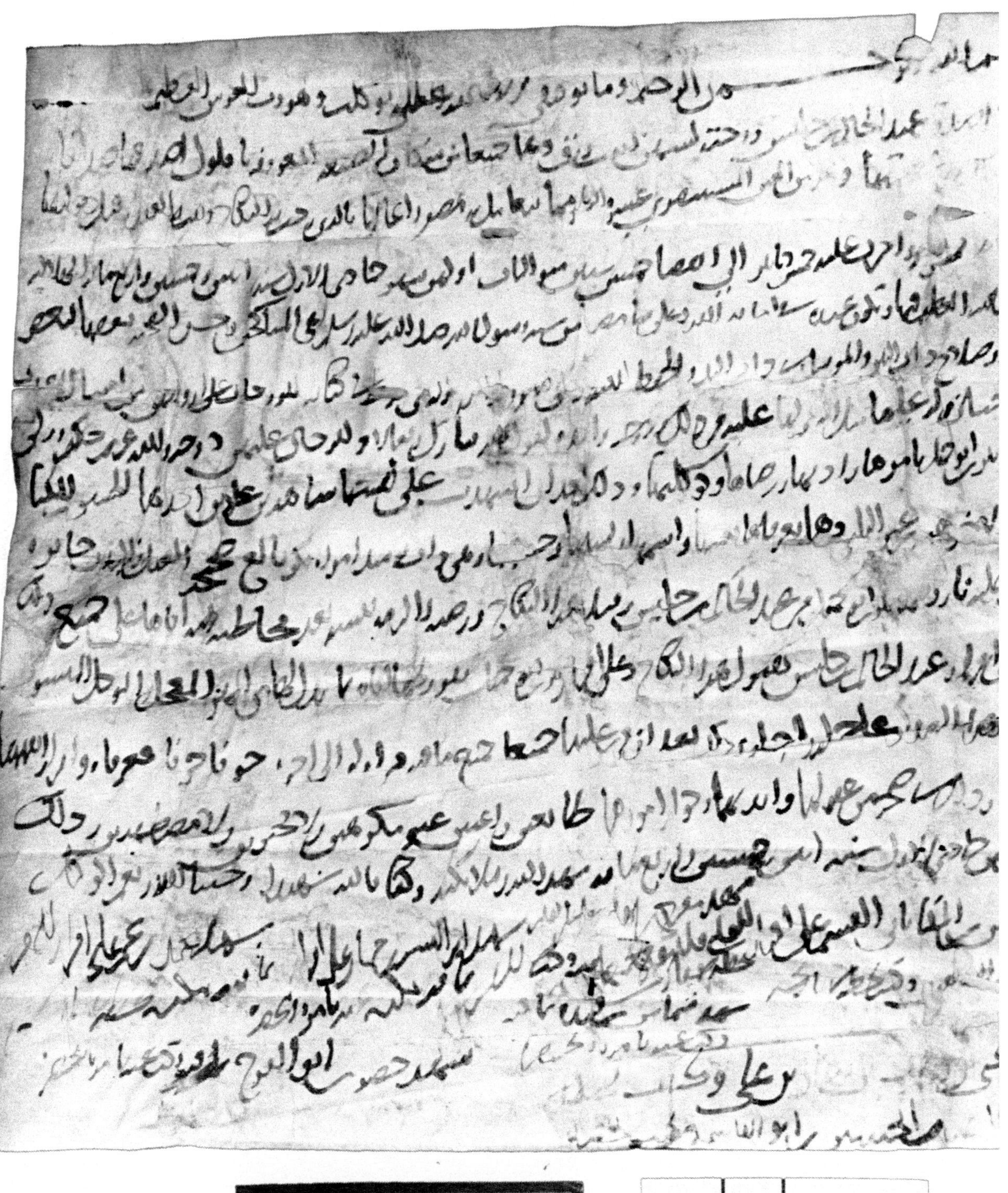

Pl. VII. P. LOND. OR. 4684 (13) (recto).

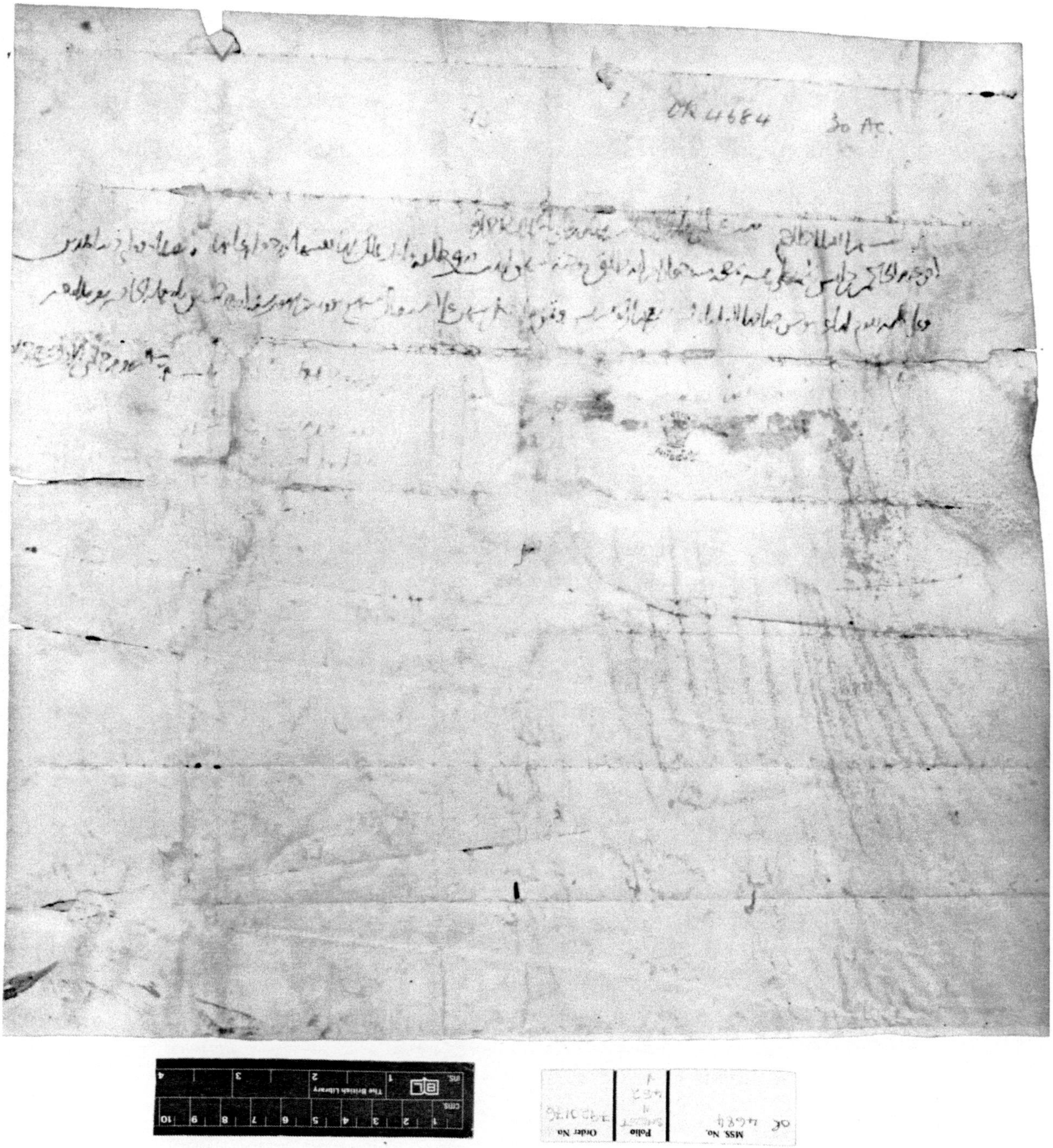

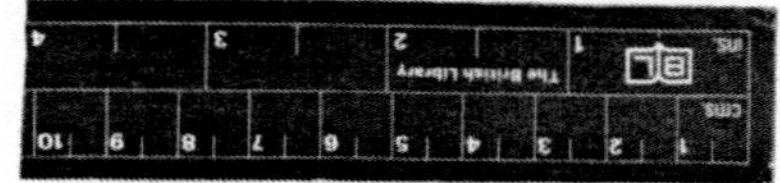

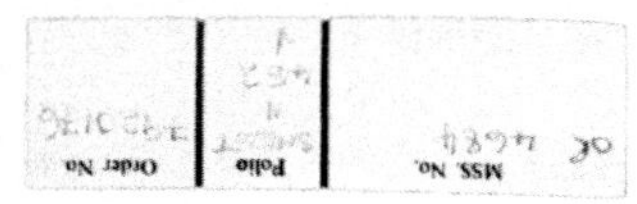

Pl. VIII. P. LOND. OR. 4684 (13) (verso).

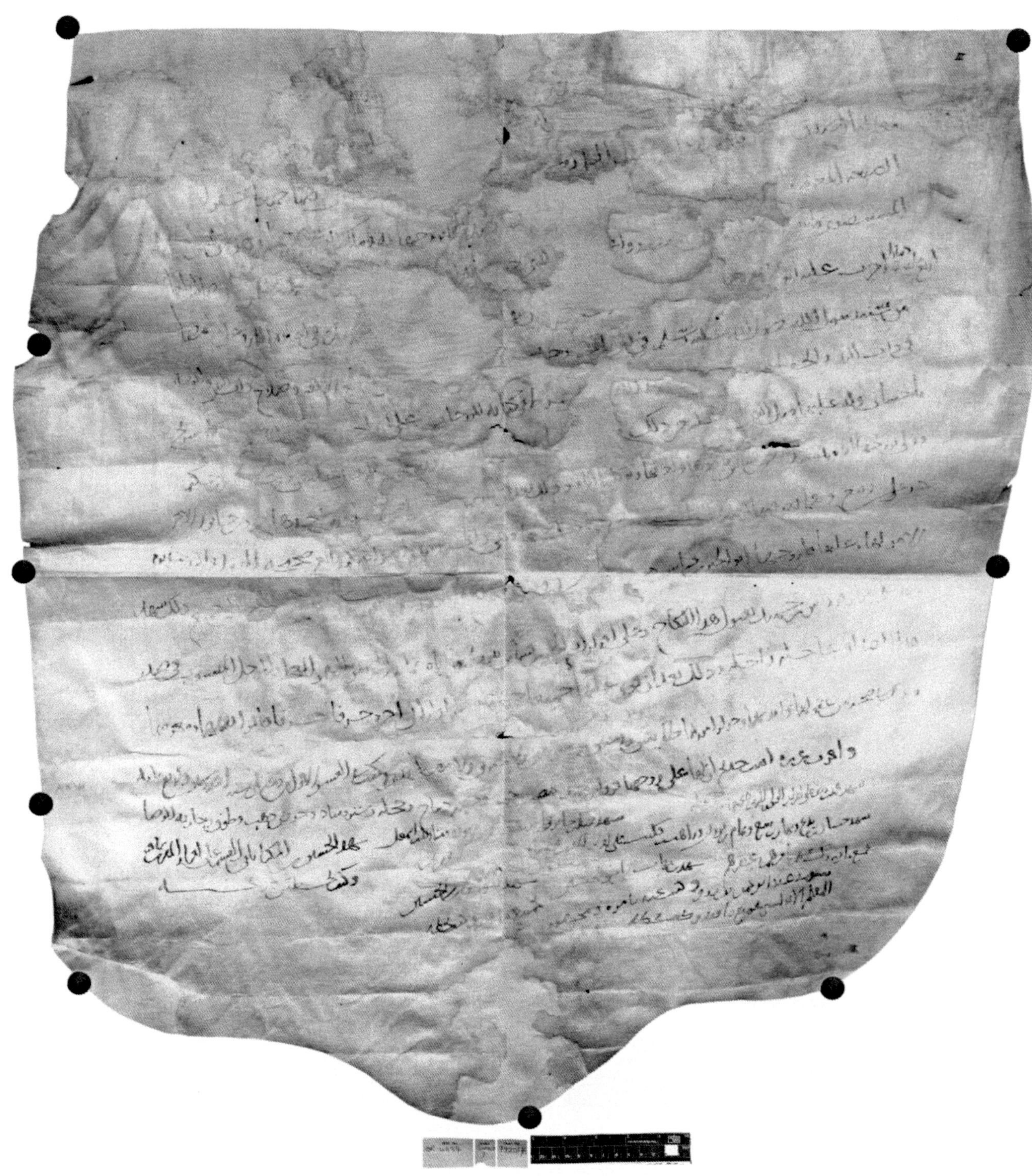

Pl. IX. P. LOND. OR. 4684 (18).

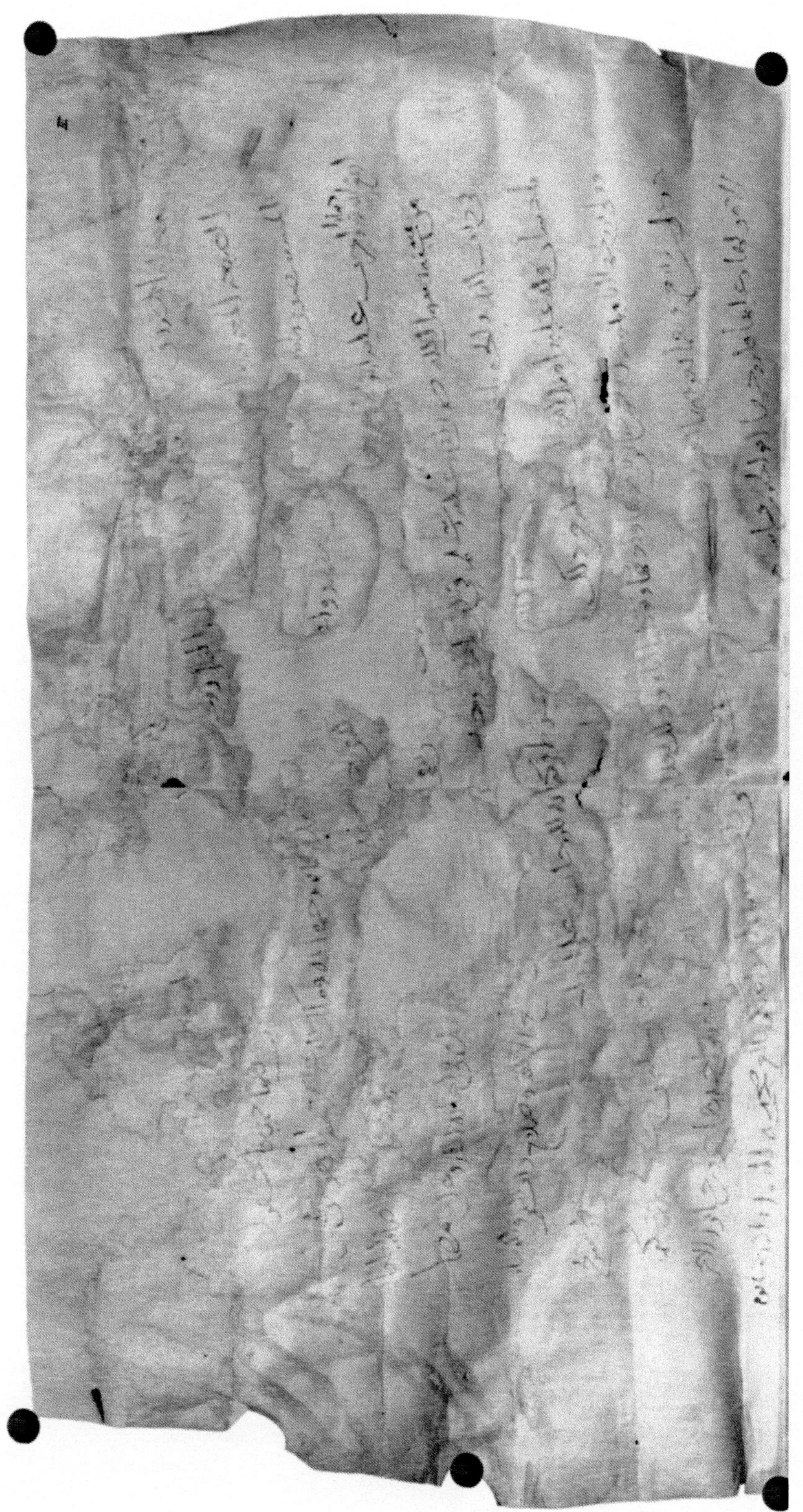

Pl. IX a. Partie supérieure P. LOND. OR. 4684 (18).

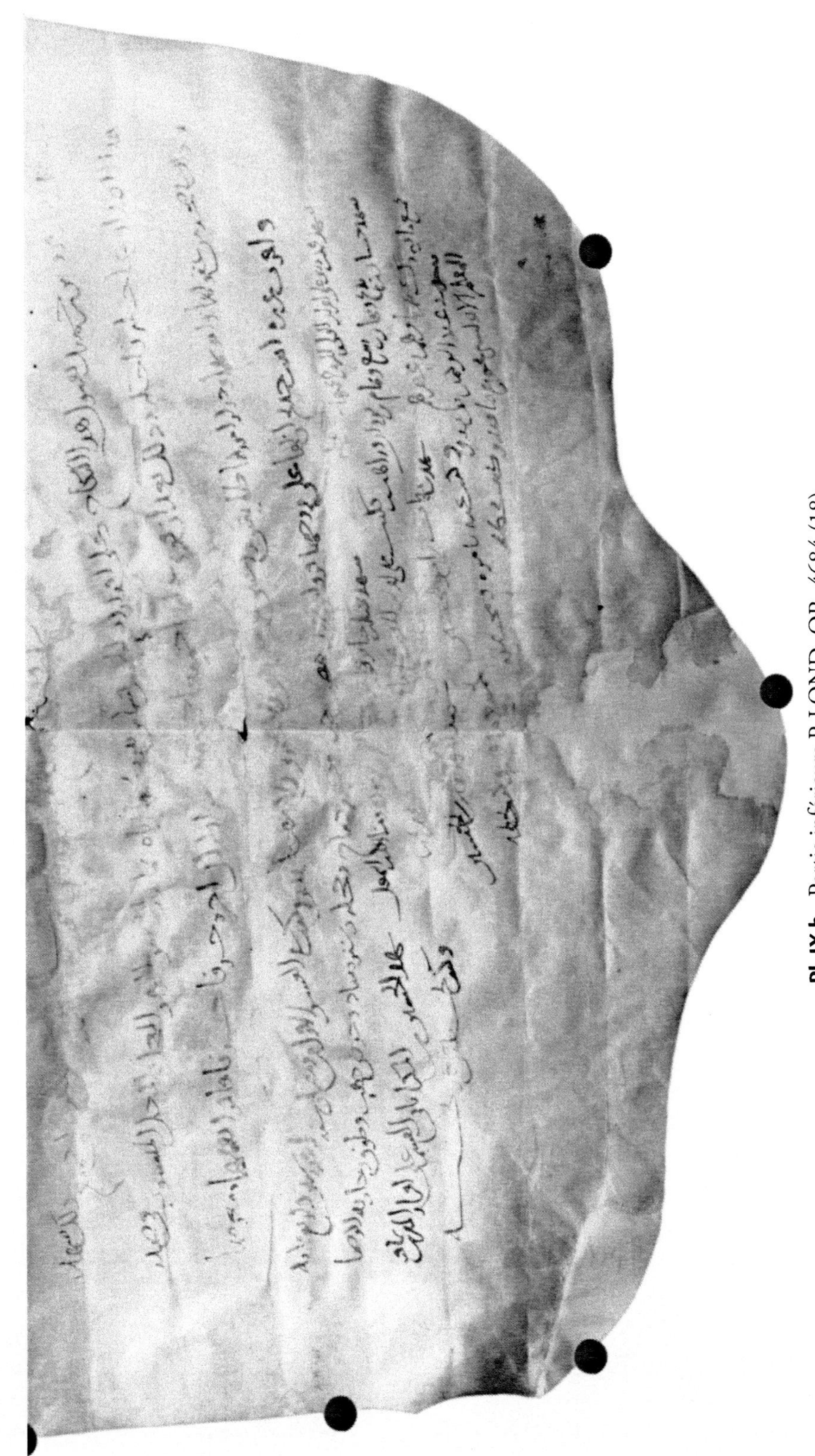

Pl. IX b. Partie inférieure P. LOND. OR. 4684 (18).

Table récapitulative des papyrus dans l'ordre de leur numéro d'édition

I	P. Lond. Or. 4684 (1)	Pl. I
II	P. Lond. Or. 4684 (2)	Pl. II
III	P. Lond. Or. 4684 (5)	Pl. III
IV	P. Berol. inv. 8170	Pl. IV
V	P. Berol. inv. 8171	Pl. V
VI	P. Lond. Or. 4864 (17)	Pl. VI
VII	P. Lond. Or. 4684 (13)	Pl. VII et VIII
VIII	P. Lond. Or. 4684 (18)	Pl. IX

Bibliographie

ABRÉVIATIONS DES PÉRIODIQUES ET COLLECTIONS

AnIsl	*Annales islamologiques.*
ArsIsl	*Ars Islamica.*
BIE	*Bulletin de l'Institut égyptien*, puis *Bulletin de l'Institut d'Égypte.*
BIFAO	*Bulletin de l'Institut français d'archéologie orientale.*
BSOAS	*Bulletin of the School of Oriental and African Studies.*
CAI	Cahiers des annales islamologiques.
IJMES	*International Journal of Middle Eastern Studies.*
Islam	*Der Islam.*
JAOS	*Journal of the American Oriental Society.*
JESHO	*Journal of the Economic and Social History of the Orient.*
JournAs	*Journal asiatique.*
RAAD	*Revue de l'Académie arabe de Damas.*
StudIsl	*Studia islamica.*
ZDMG	*Zeitschrift der deutschen Morgenländischen Gesellschaft.*

INSTRUMENTS DE TRAVAIL

Blachère, R., Chouémi, M. & Denizeau, Cl., *Dictionnaire arabe-français-anglais (langue classique et moderne)*, Paris, 1970-1978, 4 vol. parus.

Dozy, R., *Dictionnaire détaillé des noms de vêtements chez les Arabes*, Amsterdam, 1845.

—, *Supplément aux dictionnaires arabes*, Leyde, 1887, 2 vol.

EI² = *Encyclopédie de l'islam*, 2e éd., Brill, Leyde, 1960-2007, 12 vol.

al-Fayrūzābādī, *al-Qāmūs al-muḥīṭ*, Beyrouth, 1407/1987.

Ramzī, M., *al-Qāmūs al-ǧuġrāfī li-l-bilād al-miṣriyya min ʿahd qudamāʾ al-miṣriyyīn ilā sanat 1945*, Le Caire, 1953-1968, 6 vol.

Rieu, Ch., *Supplement to the Catalogue of the Arabic Manuscripts*, Londres, 1894.

PUBLICATIONS DE PAPYRUS ET D'ACTES DE LA PRATIQUE

Abbott, N., *The Monasteries of the Fayyūm*, The Oriental Institute of the University of Chicago, Studies in Ancient Oriental Civilization, n° 16, Chicago, 1937.

—, « Arabic Marriage Contracts Among Copts », *ZDMG* 95, 1941, p. 59-81.

APEL = A. Grohmann, *Arabic Papyri in the Egyptian Library*, Le Caire, 1934-1953, 6 vol. parus.

APRL = *Catalogue of Arabic Papyri in the John Rylands Library Manchester by D.S. Margoliouth and E.J. Homyard*, Manchester, 1933.

al-ʿAsalī, K.Ǧ., *Waṯāʾiq maqdisiyya taʾrīḫiyya. Jerusalem Historical Documents*, Amman, 1983-1985, 2 vol.

BAU = Abel, L., *Ägyptische Urkunden aus den Königlichen Museen zu Berlin. Arabische Urkunden*, Berlin, 1896-1900.

Chrestomathie de papyrologie arabe. Documents relatifs à la vie privée, sociale et administrative dans les premiers siècles islamiques, préparée par A. Grohmann†, retravaillée et élargie par R.G. Khoury, Leyde, 1993.

Dietrich, A., *Arabische Papyri aus der Hamburger Staats-und Universitäts-Bibliothek*, AKM 22, 3, Leipzig, 1937.

—, « Eine arabische Eheurkunde aus der Aiyūbidenzeit », in *Documenta Islamica Inedita*, Berlin, 1952, p. 121-154.

Fahmy, ʿA., « Waṯāʾiq li-l-taʿāqud min faǧr al-islām fī Miṣr », *BIE* 54, 1972-1973, p. 1-58.

Grohmann, A., « Arabische Papyri aus den Staatlichen Museen zu Berlin », *Islam* 22, 1934, p. 1-68.

—, *From the World of Arabic Papyri*, Le Caire, 1952.

—, « Einige arabische Ostraka und ein Ehevertrag aus der Oase Baḥrīya », in *Studi in onore di Aristide Calderini e Roberto Paribeni*, Milan, 1957, p. 499-509.

Gronke, M., *Arabische und persische Privaturkunden des 12. und 13. Jahrhunderts aus Ardabil (Aserbeidschan)*, Islamkundliche Untersuchungen 72, Berlin, 1982.

—, « The Arabic Yārkand Documents », *BSOAS* 49, 3, 1986, p. 454-507.

Guellil, voir al-Ṭarsūsī dans Sources arabes.

Hoenerbach, W., « Some Notes on the Legal Language of Christian and Islamic Deeds », *JAOS* 81, 1, 1961, p. 34-38.

—, *Spanisch-islamische Urkunden aus der Zeit der Naṣriden und Moriscos*, Berkeley, Los Angeles, 1965.

Khan, G., *Arabic Legal and Administrative Documents in the Cambridge Genizah Collections*, Cambridge University Library, Genizah Series 10, Cambridge University Press, Cambridge, 1993.

Levi della Vida, G., *Arabic Papyri in the University Museum in Philadelphia (Pennsylvania)*, Atti della Accademia Nazionale dei Lincei 328, Rome, 1981.

Māhir, S., « ʿUqūd al-zawāǧ ʿalā al-mansūǧāt al-aṯariyya », *al-Kitāb al-ḏahabī li-l-iḥtifāl al-ḫamsīnī bi-l-dirāsāt al-āṯāriyya bi-ǧāmiʿat al-Qāhira*, I, *ʿAdad ḫāṣṣ min maǧallat kulliyyat al-āṯār*, 1978, Le Caire, 1987, p. 39-54[1].

Mokri, M., « Vente d'un village au Kurdistan au début du XVIe siècle », *JournAs* 255, 1, 1, 1967, p. 169-184.

Muḫliṣ, ʿA., « ʿAqdā nikāḥ kutibā fī awāsiṭ al-qarn al-ṯāmin », *RAAD* 21, 1365/1946, p. 419-426.

Papyrologische Studien, préparée par A. Grohmann, retravaillée et élargie par R.G. Khoury, Wiesbaden, 1995.

Rāġib, Y., « Un contrat de mariage sur soie d'Égypte fatimide », *AnIsl* 16, 1980, p. 31-37.

—, *Marchands d'étoffes du Fayyoum d'après leurs archives (actes et lettres)*, I, *Les actes des Banū ʿAbd al-Muʾmin*, *AnIsl-Suppl*, 1982, Cahier n° 2.

—, « Les archives d'un gardien du monastère de Qalamūn », *AnIsl* 29, 1995, p. 25-57.

—, *Actes de vente d'esclaves et d'animaux d'Égypte médiévale* I, CAI 23, 2002 ; II, CAI 24, 2006.

Sourdel-Thomine, J. & Sourdel, D., « Trois actes de vente damascains du début du IVe/Xe siècle », *JESHO* 8, 2, 1965, p. 164-185.

—, « Deux actes de vente damscains du bas Moyen-Âge », *in* Sharon, M. (éd.), *Studies in Islamic History and Civilization in Honour of Professor David Ayalon*, Cana, Jérusalem ; Brill, Leyde, 1986, p. 517-525.

Sourdel-Thomine, J., Sourdel, D. & Mouton, J.-M., « Un acte notarié d'époque bouride : pouvoir politique et propriété immobilière dans un quartier de Damas au XIIe siècle », *AnIsl* 29, 1995, p. 59-71.

Torrey, Ch.C., « An Arabic Papyrus Dated 205 A. H. », *JAOS* 56, 1936, p. 288-292.

1. Le deuxième contrat de mariage et l'acte de répudiation ont fait l'objet d'une publication antérieure de l'auteur, *Minbar al-islām* 19/4, rabīʿ II 1381/septembre 1961, p. 94-97.

SOURCES ARABES

Abū Dāwūd, *Ṣaḥīḥ sunan al-muṣṭafā*, Le Caire, 1348/1930, 2 vol.

Abū al-Maḥāsin, *al-Nuǧūm al-zāhira fī mulūk Miṣr wa-l-Qāhira*, I-XII, Le Caire, 1348/1929-1375/1956.

al-Asyūṭī, *Ǧawāhir al-ʿuqūd wa-muʿīn al-quḍāt wa-l-muwaqqiʿīn wa-l-šuhūd*, 2e édition, Le Caire, 1374/1955, 2 vol.

al-Bayḍāwī, *Tafsīr al-Bayḍāwī al-musammā anwār al-tanzīl wa-asrār al-taʾwīl*, Beyrouth, 1408/1988, 2 vol.

al-Ḏahabī, *al-Muštabih fī l-riǧāl: asmāʾihim wa ansābihim*, ʿA.M. al-Biǧāwī (éd.), Le Caire, 1962, 2 vol.

FA = *al-Fatāwā al-ʿālamgīriyya*, Le Caire, 1282/1865, 6 vol.

al-Ǧazīrī, *al-Maqṣad al-maḥmūd fī talḫīṣ al-ʿuqūd*, A. Ferreras (éd.), Fuentes arábico-Hispanas 23, Madrid, 1998.

Ibn al-Aṯīr, *al-Kāmil fī al-taʾrīḫ*, C.J. Tornberg (éd.), reproduction photostatique, Beyrouth, 1385/1965-1387/1967, 15 vol.

—, *al-Lubāb fī tahḏīb al-ansāb*, Bagdad, s.d., 3 vol.

Ibn al-ʿAṭṭār, *K. al-waṯāʾiq wa-l-siǧillāt*, P. Chalmeta & F. Corriente (éd.), *Formulario notarial hispano-árabe*..., Madrid, 1983.

Ibn Ḥaǧar, *Tabṣīr al-muntabih bi-taḥrīr al-muštabih*, ʿA.M. al-Biǧāwī (éd.), M.ʿA. al-Naǧǧār (rév.), Le Caire, [1383/1964-1386/1967], 4 vol.

Ibn Ḫallikān, *Wafayāt al-aʿyān wa-anbāʾ abnāʾ al-zamān*, I. ʿAbbās (éd.), Beyrouth, 1968-1972, 8 vol.

Ibn Ḥanbal, *Musnad*, Le Caire, 1313/1895, 6 vol.

Ibn Māǧa, *Sunan*, M.F. ʿAbd al-Bāqī (éd.), Le Caire, 1372/1952-1373/1953, 2 vol.

Ibn Mākūlā, *Ikmāl fī rafʿ al-irtiyāb ʿan al-muʾtalif min al-asmāʾ wa-l-kunā wa-l-ansāb*, ʿAbd al-Raḥmān b. Yaḥyā al-Muʿallimī (éd.), Hyderabad, 1381/1961-1392/1972, 6 vol.; VII, N. al-ʿAbbās (éd.), Beyrouth, s.d.

Ibn Muġīṯ, *al-Muqniʿ fī ʿilm al-šurūṭ*, F.J. Aguirre Sádaba (éd.), Fuentes Arábico-Hispanas 5, Madrid, 1994.

Ibn Muyassar, *al-Muntaqā min aḫbār Miṣr*, A.F. Sayyid (éd.), Le Caire, 1986.

Ibn Nāṣir al-Dīn, *Tawḍīḥ al-muštabih fī ḍabṭ asmāʾ al-ruwāt wa-ansābihim wa-alqābihim wa-kunāhum*, M.N. al-ʿArqasūsī (éd.), Beyrouth, 1414/1993, 10 vol.

Ibn Qudāma, *al-Muġnī*, M. Rašīd Riḍā (éd.), Le Caire, 1347/1928-1348/1929, 12 vol.

Ibn al-Ṭiqṭaqā, *al-Faḫrī fī al-ādāb al-sulṭāniyya wa-l-duwal al-islāmiyya*, H. Derenbourg (éd.), Paris, 1895; É. Amar (trad.), *al-Fakhrî. Histoire des dynasties musulmanes*..., *ArMar* 16, 1910.

Ibn al-Zubayr, *al-Ḏaḫāʾir wa-l-tuḥaf*, M. Hamidullah (éd.), Koweït, 1959.

Mālik, *al-Muwaṭṭaʾ*, M. Fuʾād ʿAbd al-Bāqī (éd.), Le Caire, 1370/1951, 2 vol.

al-Maqrīzī, *al-Bayān wa-l-iʿrāb ʿammā bi-arḍ Miṣr min al-aʿrāb*, ʿA. ʿĀbidīn (éd.), Le Caire, 1961.

—, *Iġāṯat al-umma bi-kašf al-ġumma*, M. Ziyāda & Ǧ.M. al-Šayyāl (éd.), Le Caire, 1940 ; G. Wiet (trad.), « Le traité des famines de Maqrīzī », *JESHO* 5, 1, 1962, p. 1-89.

—, *Ittiʿāẓ al-ḥunafāʾ bi-aḫbār al-aʾimma al-fāṭimiyyīn al-ḫulafāʾ*, I, Ǧ. al-Šayyāl (éd.), Le Caire, 1387/1967 ; II-III, M.Ḥ.M. Aḥmad (éd.), Le Caire, 1390/1071-1393/1973.

—, *al-Mawāʿiẓ wa-l-iʿtibār fī ḏikr al-ḫiṭaṭ wa-l-āṯār*, Būlāq, 1270/1853, 2 vol.

al-Nābulusī, *Taʾrīḫ al-Fayyūm wa-bilādihi*, éd. B. Moritz, Le Caire, 1899.

al-Nuwayrī, *Nihāyat al-arab fī funūn al-adab*, XXVIII, M.M. Amīn & M.Ḥ.M. Aḥmad (éd.), Le Caire, 1412/1992.

al-Qalqašandī, *Nihāyat al-arab fī maʿrifat ansāb al-ʿarab*, I. al-Abyārī (éd.), Le Caire, 1991.

—, *Qalāʾid al-ǧumān fī al-taʿrīf bi-qabāʾil ʿarab al-zamān*, I. al-Abyārī (éd.), Le Caire-Beyrouth, 1402/1982.

—, *Ṣubḥ al-aʿšā fī ṣināʿat al-inšāʾ*, Le Caire, 1383/1963, 14 vol.

al-Rāzī, *al-Tafsīr al-kabīr aw mafātīḥ al-ġayb*, Beyrouth, 1421/2000, 33 vol.

al-Samʿānī, *al-Ansāb*, éd. ʿA. b. Yaḥyā al-Muʿallimī al-Yamānī, Hyderabad, 1382/1962-1386/1966, 6 vol. parus.

al-Saraḫsī, *al-Mabsūṭ*, Le Caire, 1324/1906-1331/1913, 30 t. en 15 vol.

al-Ṭabarī, *Tafsīr*, Le Caire, 1321/1903, 30 vol.

al-Ṭabarsī, *Maǧmaʿ al-bayān fī tafsīr al-Qurʾān*, Ṣaydā, 1333/1915-1356/1937, 10 t. en 5 vol.

al-Ṭaḥāwī, *al-Ǧuzʾ al-awwal min kitāb al-buyūʿ*, éd. J.A. Wakin, *The Function of Documents in Islamic Law*, New York, 1972.

al-Ṭarsūsī, *Kitāb al-iʿlām*, éd. Guellil, G.L., *Damaszener Akten des 8./14. Jahrhunderts nach aṭ-Ṭarsūsīs* Kitāb al-īʿlām. *Eine Studie zum arabische Justizwesen*, Bamberg, 1985.

al-Tirmiḏī, *Ṣaḥīḥ*, Le Caire, 1350/1931-1353/1934, 12 vol.

al-ʿUmarī, *Masālik al-abṣār fī mamālik al-amṣār. Qabāʾil al-ʿarab fī al-qarnayn al-sābiʿ wa-l-ṯāmin al-hiǧriyyayn*, D. Kratchkovsky (éd.), réimpression Beyrouth, 1406/1985.

al-Zamaḫšarī, *al-Kaššāf ʿan ḥuqūq ġawāmiḍ al-tanzīl wa-ʿuyūn al-aqāwīl fī wuǧūh al-taʾwīl*, Le Caire, 1354/1935, 4 vol.

ÉTUDES

Amélineau, É., *La géographie de l'Égypte à l'époque copte*, Paris, 1893 ; réimpr. Osnabrück, 1973.

al-Birrī, ʿA.Ḫ., *al-Qabāʾil al-ʿarabiyya fī Miṣr*, Le Caire, 1967.

Bousquet, G.-H., *Précis de droit musulman principalement malékite et algérien*, 2e édition entièrement remaniée et très considérablement augmentée du *Précis élémentaire*, Alger, 1951.

Brunschvig, R., « Fiqh fatimide et histoire de l'Ifrīqiya », in *Mélanges d'histoire et d'archéologie de l'Occident musulman*, Alger, 1958, II, p. 13-20 ; réimpr. dans *Études d'islamologie*, Paris, 1976, I, p. 63-70.

Friedman, M.A., *Jewish Marriage in Palestine : a Cairo Geniza Study*, Tel-Aviv, New York, 1980, 2 vol.

Goitein, S.D., *A Mediterranean Society. The Jewish Communities of the Arab World as Portrayed in the Documents of the Cairo Geniza*, University of California Press, Berkeley, Los Angeles, 1967-1993, 6 vol.

Grohmann, A., *Einführung und Chrestomathie zur arabischen Papyruskunde*, Monografie archivu orientálního XIII, 1954.

—, *Arabische Chronologie. Arabische Papyrologie*, Handbuch der Orientalistik. I. Der nahe und der mittlere Osten II, 1, Leyde-Cologne, 1966.

Halm, H., *Ägypten nach den mamlukischen Lehensregistern*, Wiesbaden, 1979-1980, 2 vol.

Husson, G., *Oikia. Le vocabulaire de la maison privée en Égypte d'après les papyrus grecs*, Paris, 1983.

Kaḥḥāla, ʿU.R., *Muʿǧam qabāʾil al-ʿarab al-qadīma wa-l-ḥadīṯa*, Beyrouth, 1388/1968, 3 vol.

Lambert, G., « Lier-délier. L'expression de la totalité par l'opposition de deux contraires », in *Vivre et penser. Recherches d'exégèse et d'histoire*, IIIe série, 1943-1944, p. 91-103.

Linant de Bellefonds, Y., *Des donations en droit musulman*, Paris, 1935.

—, *Traité de droit musulman comparé*. 1. *Théorie générale de l'acte juridique*. 2. *Le mariage, la dissolution du mariage*. 3. *Filiation-incapacités-libéralités entre vifs*, Maison des Sciences de l'homme. Recherches méditerranéennes, Études VI et IX, Paris, La Haye, 1965-1973, 3 vol.

Lombard, M., *Les textiles dans le monde musulman du VIIe au XIIe siècle*, Études d'économie médiévale III, Paris, La Haye, New York, 1978.

Milliot, L., *Introduction à l'étude du droit musulman*, Institut de droit comparé de l'Université de Paris, Les systèmes de droit contemporains II, Paris, 1953.

Pellat, Ch., *EI²*, III, 1971, p. 245-246, *s.v.* « Ḥasab wa nasab ».

Pesle, O., *Le mariage chez les Malékites de l'Afrique du Nord*, Rabat, 1936.

Preisigke, F., *Namenbuch*, Heidelberg, 1922.

Quatremère, Ét., *Mémoires géographiques et historiques sur l'Égypte, et sur quelques contrées voisines recueillis et extraits des manuscrits coptes, arabes, etc., de la Bibliothèque Impériale*, Paris, 1811, 2 vol.

Rāġib, Y., « Al-Sayyida Nafīsa, sa légende, son culte et son cimetière », *StudIsl* 44, 1976, p. 61-86 ; 45, 1977, p. 27-55.

Rapoport, Y., « Matrimonial Gifts in Early Islamic Egypt », *Islamic Law and Society* 7, 1, 2000, p. 1-36.

—, *Marriage, Money and Divorce in Medieval Islamic Society*, Cambridge, 2005.

Salmon, G., « Répertoire géographique de la province du Fayyoûm d'après le *Kitâb târîkh al-Fayyoûm* d'an-Nâboulsî », *BIFAO* 1, 1901, p. 29-77.

Schacht, J., *EI*[2], VIII, 1995, p. 26-29, *s.v.* « Nikāḥ ».

Schiller, A., « Coptic Law », *The Juridical Review* 43, 1931, p. 211-240.

Serjeant, R.B., *Islamic Textiles Material for a History up to the Mongol Conquest*, Beyrouth, 1972. Cet ouvrage rassemble une série d'articles parus dans *ArsIsl* 9-16, 1942-1951.

Stillman, Y.K., « The importance of the Cairo Geniza Manuscripts for the History of Medieval Female Attire », *IJMES* 7, 4, 1976, p. 579-589.

Timm, St., *Das christlich-koptische Ägypten in arabischer Zeit*, Wiesbaden, 1984-1992, 6 vol.

Wessely, C., *Topographie des Faijûm (Arsinoites nomus) in griechischer Zeit*, DAWW L, Vienne, 1904.

Index général

Table des matières

DIFFUSION
Ventes directes et par correspondance

Au Caire
à l'IFAO,
37 rue al-Cheikh Ali Youssef (Mounira)
[B.P. Qasr al-'Ayni n° 11562]
11441 Le Caire (R.A.E.)
Section Diffusion Vente →

Fax: (20.2) 27 94 46 35
Tél.: (20.2) 27 97 16 00
http://www.ifao.egnet.net

Tél.: (20.2) 27 97 16 22
e-mail: ventes@ifao.egnet.net

En France
Vente en librairies
Diffusion: AFPU
Distribution: SODIS

Réimpression: Avril 2018

Ministère de l'Enseignement supérieur et de la Recherche, Paris – Publication de l'Institut français d'archéologie orientale.
Dépôt légal: 1er semestre 2016; numéros d'éditeur et d'imprimeur 1125/1510.